## はじめに

"家族のシアワセは、暮らしの基本となる『家』から。"これは2008年に始めた私のブログ、『OURHOME』のコンセプトです。

わが家は夫と双子の子どもとの4人暮らし。子どもたちが1歳半のときに復職し、家事に育児に仕事にと目の回るような忙しさの中、とにかく手間のかからない暮らしやすい家づくりを心がけてきました。夫が仕事で力を発揮でき、子どもたちが安心して遊びに取り組め、そして何より、私自身がストレスなく家事、育児、仕事ができるように！

家族みんなが暮らす"家"が、完璧とはいわないまでも、いつも整い、「ただいま〜！」と帰りたくなる場所にしたい。そのために家族誰

もが使いやすい収納システムや、家族みんなが好むシンプルなインテリアに行き着きました。"家"を土台として、家族がそれぞれの場で活躍できるように。それが家族のシアワセにつながる！ という思いで暮らしています。

現在、私は整理収納アドバイザーとしてセミナー開催やコラムの執筆、また前職の商品企画の経験を活かし、商品開発プロデュースのお仕事をさせていただいております。

この本では、たいそうなことではなく、暮らしやすくなる日常の小さな工夫や、住まいを自分たち仕様にする喜び、子どもたちの成長に合わせた部屋づくりのアイデアなどを綴りました。

本を手に取っていただいたみなさまの今日一日が、ステキな日となりますように。

*emi*

# Contents

- はじめに 2
- Concept 1 私の思うシンプルライフとは 6
- Concept 2 "OURHOME"＝私たちの家、にしていこう！ 8
- OURHOME PROFILE 10

## chapter 1 家族が集まる場所 11

### Living and Dining room
- 16 リビングを分解！
- 18 リビングのモノ選びのルール
- 19 リビングを常にすっきり保つ秘訣
- 20 壁を塗ることで自分たちの住まいへ
- 21 考え抜いて、タイルカーペットを選択
- 22 やっぱり心地いいのは、床に近い暮らし
- 23 家族がくつろげる＝友人もくつろげる
- 24 ブラックボードで、まめに意思疎通を
- 25 ベランダもリビングの一部と考える

### Information space
- 29 情報ステーションを分解！
- 30 情報ステーションのモノ選びのルール
- 32 大きな収納がなければ自分でつくる
- 33 1ジャンル1ボックスの魔法
- 34 先々の自分をラクにするラベリング

- COLUMN 1 夫と情報を共有する 36

## chapter 2 家事 37

### Kitchen
- 42 キッチンを分解！
- 44 キッチンのモノ選びのルール
- 46 スチールラックを賢く使い回す
- 47 キッチンも1ジャンル1ボックス
- 48 キッチンツールは各1個
- 49 「あるべきもの」はなくても大丈夫
- 50 料理の手間を減らし、時短する
- 51 子どもが自分でできるシステムづくり

### Washroom
- 54 洗面所を分解！
- 56 収納の扉をはずして、使いやすく
- 57 メイクグッズはトートバッグに
- 58 家が片付く、家事がラク！ わが家の洗濯システム
- 60 子どもが「ひとりでできる！」毎日の身支度 "ロッカー"
- 61 「自分のことは自分で」毎日の帰宅後スケジュール

### Toilet
- 63 トイレを分解！
- 64 トイレマットは敷かない
- 65 「つど」掃除ができるしかけを

### Closet room
- 67 クローゼットを分解！
- 68 クローゼットは玄関から一番近くに

69 クローゼットはフレキシブルな形に
70 できるだけ、たたまない収納
71 一時置きスペースの威力はすごい！

**Bedroom**
73 クローゼットを分解！ ベッドルーム

**Entrance**
75 玄関を分解！
76 各人別収納がうまくいく
77 玄関にあると便利なモノは、何？
78 玄関に大きな鏡で気分シャキッと！
79 玄関はモノをせき止める関所
80 リビングに不要なモノを侵入させない玄関システム
82 手抜きを恥ずかしがらずに。ラク家事アイデア、一挙公開！

84 **COLUMN 2** モノ選びの軸をつくるノート

85 **chapter 3 子育て**

**Kids' space**
92 子どもスペースを分解！
94 成長に合わせて使い回せる家具を選ぶ
95 遊びやすい＆片付けやすいしかけを
96 長く使える絵本棚
97 誕生日プレゼントは一生使えるモノ
98 息子、娘、それぞれに色を決める
99 お絵描きポスト
100 片付けは毎晩寝る前に
101 子どもの作品保存
102 子どもがごねたときが、チャンス！
103 子どもといっしょに何でも！
104 育児の困りごとはあえて調べない
106 子どもを連れて旅に出よう！
108 バタバタの双子育児を支えてくれた愛用アイテムたち

109 **COLUMN 3** 子どもの"好き"も大事にしたい

112 **chapter 4 子どもの写真整理**
114 わが家では、年に2冊アルバムをつくっています
118 厳選セレクト "とっておきアルバム"
120 迷ったらとりあえず "ざっくりアルバム"
121 印刷あれこれ
122 撮影あれこれ
124 長く続けるために知っておきたい 子どもの写真整理Q&A

126 おわりに

**shop list**

## Concept 1

### 私の思うシンプルライフとは

整理収納アドバイザーという肩書きからか、とてもまめでていねいな生活をしていると誤解されることがあります。でも意外かもしれませんが、私の口癖は「面倒くさい！」なんです。私が目指しているのは、隅々まできっちりとした完璧な収納ではなく、忙しい日々の中でも、なんとかそれなりに暮らしが回ってゆく……そんなざっくりとした収納ルール。放り込み収納だったり、たたまない収納だったり。"家族が心地よければそれでいい"というゆる〜いルールです。

私の思うシンプルライフとは、"できるだけ少ない手間で、家族みんなが使いやすい家をつくり、心地よく暮らすこと"。具体的にいうと、まずは今家にあるモノの角度を変えて見ることで、違う使い方にしてみるところから始めるようにしています。例えば、扉の開け閉めが面倒だと思った洗面所の造りつけの扉を外して、ワンアクションでタオルが取り出せる仕組みをつくりました。

6

今あるモノを少し斜めの角度から見て、労力や手間をかけずにより使いやすいように工夫を重ねるのが基本。その結果、家族が心地よく暮らせること＝シンプルライフだと考えているのです。

収納において、私が昔から参考にしているのは、公共スペースです。例えば、学校や保育所。性格がさまざまなたくさんの人が出入りし、片付け方もまちまちなはずなのに、いつもだいたいきちんと収まっています。その理由を考えると、第一に、よく使うモノに厳選されていて、量が少ないこと。そして第二に、棚、かご、ラベリングの収納がなされていること。とてもシンプルでわかりやすいのです。どんな人でも使いやすく戻しやすいというのは、実はすごいことではないでしょうか？

家に置き換えて考えてみると、家族とはいえ、それぞれ性格の違うみんなが暮らす場所。私は、この公共スペースのルールを見習って、まずよく使うモノだけを厳選して持つようにし、そして、棚、かご、ラベリングの収納を採用。そうすることで、家族みんなが使いやすい、心地いいシンプルライフが実現すると思っています。

## Concept 2

### "OURHOME" = 私たちの家、にしていこう！

「間取りが使いにくいから」、「狭いから」、「床の色がこんな色だから」。こんなふうにいいわけをしながら、よりよい住まいづくりを諦めてしまうことは簡単です。満足できる家にならないのには、いろいろな理由があるかもしれません。だからといってそこで諦めてしまったら〝OURHOME〟、家族みんなが心地よい〝私たちの家〟はずっと手に入らないのではないでしょうか。

理由をつけて諦めるのではなく、工夫をしながら好きな家に近づける。いつかはと夢見るだけじゃなく、自分や家族の手を動かし、その一歩を踏み出す。そうやって自分たちの家を、少しずつ家族の色に染めていくことが好きです。家をつくりあげていく過程は、家族をつくっていくことでもあり、とても大切なことだと思います。

わが家は、結婚して5年間は賃貸マンションに暮らしていました。原状回復できる範囲で、味けなかった玄関の床に板を敷いたり、カウンターの腰壁をDIYしたり、自分たちらしく暮らしをつくりあ

げてきました。その後、分譲の中古マンションを購入して引っ越し。元々のベージュの壁や、ダークブラウンの床が気に入らず、暮らしながらペイントをしたり、カーペットを敷いたりと、夫とふたり、ときには子どもたちの手も借りて、自分たち家族の色に染めてきました。入居3年目になって、ようやく、"私たちの家＝OURHOME"らしくなってきたと思える、今日この頃です。

私がいいな、素敵だな〜とあこがれる家族や家には、"その人たちらしさ"があふれている気がします。有名な家具のアレ、流行の雑貨のコレを置いて完成としているのではなく、昔から持っているモノが上手に組み合わせてあったり、思い出のある雑貨が飾ってあったり。家具も雑貨も、そこに住まう家族の歴史や思いや理由があり、そこにしかつくり出せない、その人たちらしい暮らしに魅力を感じるのです。私たち家族のつくる家、暮らしもそうでありたいと常々思っています。みなさんも、それぞれの"OURHOME"をつくっていきませんか？

# OURHOME PROFILE

夫と、4歳になる双子の息子、娘、そして私。
4人で暮らすわが家は、80㎡の3LDK。
2年半ほど前に、築浅の中古マンションを購入し、
引っ越してきました。リビングに続く部屋との間の
引き戸を開けはなしておけば、2LDKのように使え、
まだまだ子どもが小さいわが家にぴったりの間取りです。

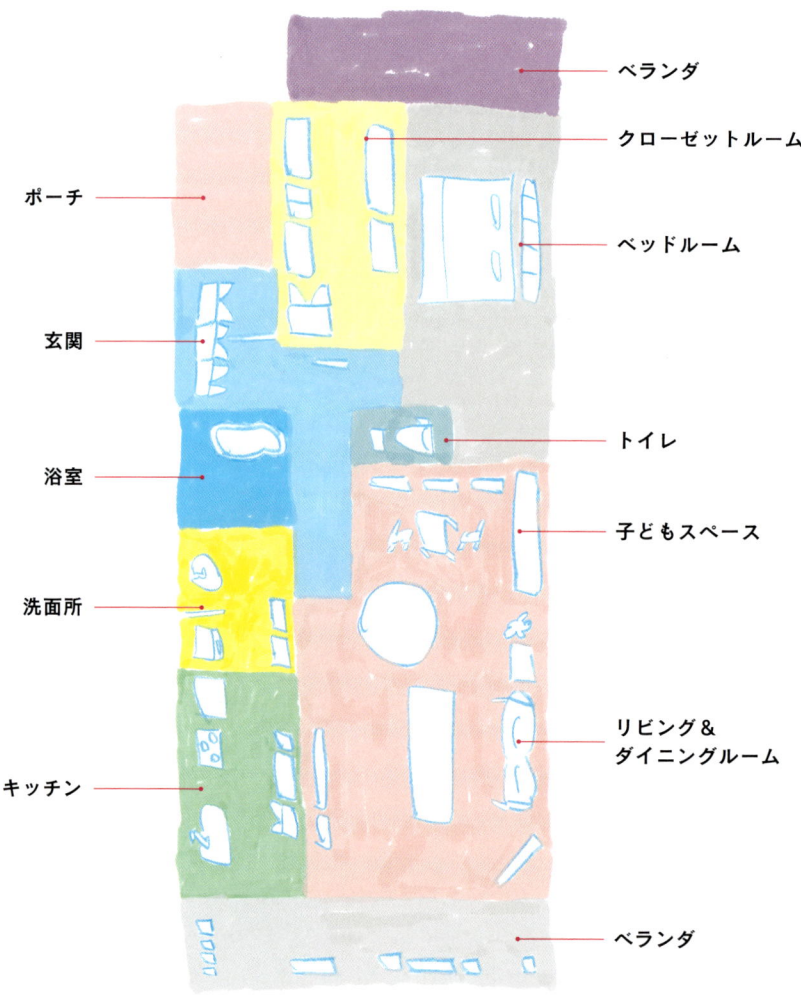

- ベランダ
- クローゼットルーム
- ポーチ
- ベッドルーム
- 玄関
- 浴室
- トイレ
- 子どもスペース
- 洗面所
- リビング＆ダイニングルーム
- キッチン
- ベランダ

chapter *1*

家族が集まる場所

# 家族が心地よく過ごせるように

長い時間を過ごすリビングダイニングは、家族みんなが心地いいと感じる空間にしたいものです。そのために大切なのは、インテリアや収納を自分ひとりではなく、家族で話し合ってつくっていくこと。夫はもちろん、子どもとも。小さいからまだわからないと決めつけずに、「どっちの色が好き?」「ここと、あそこ、どっちが出しやすいかな?」と聞くようにしています。

インテリアや収納に興味のない家族と話し合うなんて難しい……と感じる方もいるかもしれません。そんなときは、選択肢をあげると答えてもらいやすくなります。「床に座って食事するのと、椅子に座って食べるのと、どっちがくつろげるかな?」こんな質問なら家族も答えやすいはず。自分ですべて決めてしまわずに、少しでも意見を聞いてみること、一緒に考えよう！という気持ちでいることが、家族が心地よく過ごせる空間づくりにつながるのだと思います。

## "モノ"ではなく、"生活スタイル"ありきで考える

今のわが家には、"ダイニングテーブル"がありません。ではどこで食事をしているのかというと、大きなローテーブルをソファの前に置き、食事も、お絵描きも、くつろぐのもすべてここで。

一般的なリビングダイニングを思い浮かべると、ダイニングテーブルと椅子、ソファ、ローテーブルがあります。結婚して家庭を持ったら、これらを揃えるのが当たり前と思い込みがちですが、頭をゼロにして、「自分たちはどんな暮らしをしたいのか?」からスタートすることが大事だと思っています。

わが家は走り回る子どもたちの遊ぶスペースを広げてあげたい、週末集まる友人たちにゆっくりくつろいでもらいたい、そんな思いで、ローテーブルで暮らすことを選択。結果、とっても快適です。リビングを見回してみて、「わが家にとって、本当にこれは必要?」と考えてみることは、心地いい暮らしづくりにとても大切です。

chapter 1　家族が集まる場所

## リビングを分解！

### 家族がくつろげる ゆったりした部屋に

家族が元気に楽しく活躍するためのベースとなる場所なので、全員が気持ちよくくつろげることを一番に考えています。そして同じくらい遊びに来てくれる友人たちにも心地よく過ごしてほしい。そんな思いで試行錯誤しながらリビングをつくっています。

**ロールスクリーン**
カーテンよりすっきりした印象が気に入って、ロールスクリーンをセレクト。「タチカワブラインド」の"デュオレ"。

**IDÉEの照明**
飽きのこない、シンプルデザインのモノを探して見つけたペンダントライト。「IDÉE」の"KULU LAMP"。

**ソファ**
ツイードで汚れが目立たず、そのうえカバーが洗えるという理由で選択。「ベルメゾン」のもの（現在は廃番）。

**一時入れのカゴ**
食事のときなど、テーブル上のモノをここに一時的に退避。「THE BROWN STONE FIFTH」で購入。

### 仕事机
リサイクルショップで破格の3800円で購入したもの。私の仕事場です。引き出しには、カメラや文具類を収納。

*other side*

### 飾り棚
飾る雑貨は、分散させるとごちゃごちゃして見えるので、ここだけに限定。掃除もラクです。棚はいただきもの。

### リモコンやDVDの収納
母が結婚当初に買ったかごボックスを受け継いで愛用中。ファイルに移し替えたDVDや、リモコンなどを収納。

### エリアラグ
角形ラグは曲がっていると気になりますが、円形は大丈夫。「ベルメゾン」の〝エリアラグ〟（ダークグリーン）。

### 観葉植物
小さいモノをたくさん置くとケアしきれないと思い、インパクトのある、大きいウンベラータをネットで購入。

## リビングのモノ選びのルール

# 1

## みんなで使うモノだから
## よく話し合ってから買う

どんなに小さな雑貨であっても、モノを購入する前には必ず、
夫婦で情報を共有し、必要かどうか、わが家に合うか、
どの色にするかなど、よく話し合うことが習慣になっています。
携帯で写真を撮って共有すれば、手間もそれほどかかりません。
ふたりの視点が入ることで客観的になり、失敗しにくくなります。

# 2

## ユニセックスな
## テイストのモノを選ぶ

わが家は男がふたり、女がふたりの4人家族です。
そのうえ、男性、女性、どちらの友達も多いから、
どちらからも好まれるテイストが一番だと思っています。
木、シルバー、黒、白、グリーン、直線的なラインにこだわり、
ユニセックスなテイストのモノを選ぶようにしています。

[ リビングを常にすっきり保つ秘訣 ]

## 飾るとしまうは、一カ所集中

雑貨を分散して飾ると、どうしても部屋がごちゃごちゃと見えてしまいがち。しまうモノもあちこちに収納すると、出したり片付けたりが面倒です。どちらも一カ所に集中させることで、すっきりをキープしやすくなります。

## くつろぎスペースと子どもスペースを分ける

目が届く場所に子どもスペースをつくりたいけれど、そこらじゅうにおもちゃがあると、落ち着かないのも事実です。くつろぎスペースとは別に、子どもスペースをしっかり決めることで、全体が散らかりにくくなります。

## 洗濯物が通過しない動線にする

ソファの上に置かれたり、室内干しをしていたり。洗濯物はすっきりの対極にあり、生活感が出やすいように思います。わが家では、洗濯物がリビングを通過しないように、洗濯システム自体を工夫しています（P58参照）。

# 壁を塗ることで自分たちの住まいへ

購入したマンションがきれいな物件だったこともあり、引っ越し前に大きなリフォームはしませんでした。とはいえベージュ色の壁が、暮らしのイメージに合わないと感じたので、自分たちの手で真っ白にペイントすることに。住みながらの作業なので、家じゅういっぺんにではなく、ひと部屋ずつ順番に。小さなこだわりかもしれませんが、私たち夫婦にとっては大きな変化。自分たちの家を自分たちでつくりあげたという達成感もあり、愛着もひとしおです。

**壁紙の上に塗れるペンキ**
有害物質０。イヤな匂いなし。
イマジンウォールペイント
４Ｌ缶 ¥7,800／壁紙屋本舗

**ペイントセット**
必要なモノがセットになっていてラク！　ペイントセット
¥1,999〜／壁紙屋本舗

## 考え抜いて、タイルカーペットを選択

フローリングにあこがれていたものの、一年ほど住んでみると私たちの暮らしには合わないと感じるようになりました。こげ茶色で雰囲気が暗い、ほこりが目立つ、寝ころぶと固くて痛いなどが理由です。そこで自分たちでカットすることもできる、タイルカーペットを敷くことに。子どもたちが汚してしまってもそこだけ取り替えられるのも魅力。階下への防音対策にもひと役買ってくれるうえ、来客の友人にも好評なます。部屋の印象も明るくなって大正解でした。

**Before**

こげ茶のフローリングはとにかくほこりが目立ちました！

**タイルカーペット**
並べるだけ。カーペットタイル NT-336 ベーシック50×50㎝ ￥1,365／枚（施工費別）／サンゲツ

# やっぱり心地いいのは、床に近い暮らし

子どもが3歳を過ぎるまでは、椅子に座るダイニングスタイルを採用していました。椅子に座をきちんと座らせることができ、落ち着いて食事ができたからです。でも、心地いいと感じるのは、床に近い暮らし。子どもが少し大きくなってきたので、暮らし方の変更です。家具とパーツを扱う『SQUARE』でアイアンの脚をオーダーし、天板を生かしてローテーブルに。椅子がなくなった分、広々。友達が集まっても椅子の数を心配することなく、迎え入れられます。

**Before 1**
椅子に座る形式にしていた、以前のダイニングスペース。

**Before 2**
ワイン箱を仮の脚にし、低い暮らしを試してみてから変更。

SQUARE：http://square-shop.ocnk.net/

# 家族がくつろげる＝友人もくつろげる

テーブルを低く変更したことは、わが家に集まってくれる友人たちにも大好評。椅子座りだとかしこまった雰囲気になってしまいますが、床座りなら気楽な気持ちでくつろげるみたいです。家族がくつろげる場所は、友人たちもくつろげるということに改めて気がつきました。友人たちには気兼ねなく集まってほしいから、嬉しい結果です。おもてなしもがんばり過ぎず、持ち寄りや宅配メニューも活用しながら、みんながくつろげることを一番に考えています。

### Party Idea 1

バイキングスタイルにすると気軽。下にはゴミ箱も設置。

### Party Idea 2

マスキングテープに具材を書いたおにぎりで選ぶ楽しみを。

# ブラックボードで、まめに意思疎通を

帰宅の遅くなる夫への伝言や、その日の子どもたちのちょっとした成長ぶりなどを伝えるのに活用しているのがブラックボードです。小さい子どものいる共働きだと時間のすれちがいも多くなりがちなので、こうやってこまめに意思疎通をはかっています。マグネットがつくボードなので、DMや請求書、子どもが保育園でつくってきた作品を留めるスペースとしても便利。黒を選んだのはインテリアに自然になじませるため。事務所っぽい雰囲気になりません。

**シンプルなブラックボード**
空間を引き締める黒。ウッドブラックボードTBB-811 ブラウン オープン価格／アイリスオーヤマ

**ボードをかけているフック**
ピンで壁に取りつけられます。ニコピンフック ダブルシルバー M-082 ￥368／オリジン

## ベランダもリビングの一部と考える

わが家のリビングに入ると、真っ先に目に飛び込んでくるのがベランダです。住まいの第一印象を決める場所なので、リビングの延長と考えて植物や雑貨をディスプレイ。子どもが触らないよう、ガラス棚を外に置いていたことがきっかけで飾るようになりました。元々はグレーのビニール床が暗く、それをどうにかしたくてオイルステインを塗ったウッドタイルを設置。おかげでリビングとつながるイメージになり、部屋が広々と感じるのも嬉しいポイントです。

**Before**

以前はグレーの床が目立っていて寒々しい印象でした。

**ウッドタイル**
木の質感がベランダに温かみをプラス。ウッドタイル ジップ450 ¥7,680〜／ぽん家具

# 情報ステーションを分解！

リビングにつながる部屋の壁一面に
雑誌、書類、アルバム、工具、なんでも収納。
名づけて〝情報ステーション〟です！

**空き箱**

モノが増えても大丈夫なように、予備箱も用意。今は空っぽ。心に安心感を生みます。

**冠婚葬祭**

必要なモノをすべてここにまとめてあるので、とっさのときに安心。黒のエプロンも。

**コード類**

中はぐちゃぐちゃでOKと決めれば気持ちもラクで、片付けやすく。放り込むだけです。

1段目

**雑誌**

雑誌はジャンルごとに、紙製のファイルボックスに立てて収納し、出し入れしやすく。

**アルバム**

見返してこそ意味のある家族のアルバム。みんなが出し入れしやすいところを定位置に。

**年賀状**

ほかとサイズが揃うよう、はがき用の中でもA4サイズのファイルに年賀状を収納。

2段目

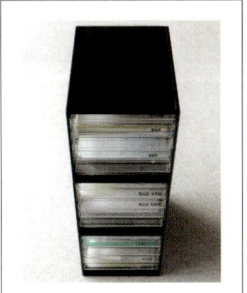

**書類の収納**

スチールラックの右側にぴったり納まっているのは、中学生のときから使っている書類ケース。5段の引き出しがあるものを、3つ重ねています。領収書、給与明細など、保存の必要のある紙モノを、1段ずつ収納。

**仕事BOX**

案件ごとに1ボックス用意。その箱さえ取り出せば、即仕事を開始することが可能です。

**文房具**

隣に並ぶA4のファイルボックスと、高さが揃うミニ引き出しを採用。整然と見えます。

3段目

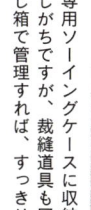

**裁縫道具**

専用ソーイングケースに収納しがちですが、裁縫道具も同じ箱で管理すれば、すっきり。

**工具**

この1箱あればすぐDIYにとりかかれるよう、工具をまとめて。箱ごと持ち出して使用。

4段目

29　chapter 1　家族が集まる場所

## 情報ステーションのモノ選びのルール

### *1*
### 基本的には〝白・黒〟を選ぶ

情報ステーションは、雑誌、書類などの紙モノから、
文房具、工具、裁縫道具などの道具類、そしてプリンターやぬいぐるみまで、
とにかく形も用途もまちまちの雑多なモノが集う場所。
それらをすっきり見せたいなら、白や黒の箱に入れて統一するのが一番。
廃番になってしまっても、白・黒なら必ず代替品があるのもその理由です。

### *2*
### Ａ４サイズで揃える

棚にモノを並べるときは、高さを揃えることがとても重要です。
整然と見えるだけでなく、収納スペースに無駄が生まれません。
Ａ４という規格サイズは、世の中に多く出回っているので、
廃番になったとしても、ほかのモノで代用しやすいのも魅力。
ボックスだけでなく、カードケースやアルバムなども同じＡ４に。

### *3*
### バラバラにして使えるモノを

ボックスやファイルケース、樹脂製の引き出しなど、
どれもバラバラに１個ずつに分かれているモノを選ぶようにしています。
作業をするときにひとつだけを持ち出すことができるうえ、
将来的に、クローゼットなど別の場所へと使い回すことも可能です。
ここでしか使えないモノを選ばず、常に先を考えて選びます。

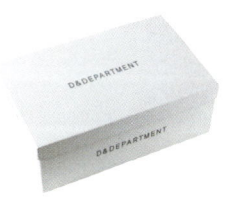

### シンプルなＢＯＸ

子どもの絵を収納（P99参照）。思い出のモノを入れるので、きちんとした箱を採用しました。靴箱 白 紳士用 ¥1,155／D&DEPARTMENT

### ふたつきファイルＢＯＸ

価格が安いので、同じモノをたくさん揃えて統一できるのが魅力。荷物送付にも使え、常にストック。Ａ４ファイルボックスＷ ¥105／Seria

### クラフトのファイルＢＯＸ

たためばコンパクトなので、使わないときも保管しやすく、カットしてサイズ変更も可能。FLYT／フリート（5個セット）¥199／イケア・ジャパン

### Ａ４ハガキファイル

1ページに4枚のハガキを収納できて、見渡しやすい。ポリプロピレンフォト・ハガキホルダー Ａ４サイズ・160枚用 ¥315／無印良品

### Ａ４クリアファイル

レシート1枚でもＡ４ファイルに入れておけば、形が揃って管理しやすくなります。KILAT 透明クリヤーホルダー Ａ４ 5枚入 ¥52／キラット

### スタッキングできるケース

連結の引き出しケースより一段ずつのものの方が将来的に使い回しやすいのでおすすめ。ポリプロピレンケース・引出式・浅型 ¥900／無印良品

### 5段引き出しトレイ

Ａ４の書類がぴったり入る引き出しは汎用性が高く、使いやすいので中学のときから愛用。これは廃番ですが、似たモノはホームセンターなどに。

### プリンター

白×黒かつ、直線的なデザインが気に入って購入。ラック中段に置きすぐに印刷できるように。「キヤノン」の"PIXUS ＭＧ6230"（販売終了）。

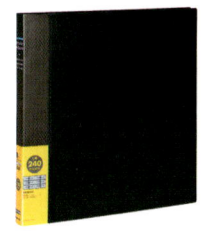

### 写真整理のアルバム

Ａ４サイズなので、ファイルＢＯＸと並べて収納可能。ストイックな黒のシンプルさも魅力です。フォトホルダー ブラック ¥1,260／ナカバヤシ

# 大きな収納がなければ自分でつくる

わが家のリビングには、造りつけの収納がありません。そこで一から収納スペースをつくることに。大きなスチールラックを置き、壁一面を丸ごと収納場所に変身させました。あとは紙箱やファイルケースを自分仕様にオーダーした棚の前面にはぴったりサイズにオーダーしたカーテンをつっぱり棒で吊るし、扉代わりの目隠しに。既存の造りつけ収納よりも、むしろ自分たちの暮らしに合う使いやすい収納スペースになりました。賃貸でも採用できる方法です。

### Before

引っ越し前はキッチンで使っていたスチール棚を使い回し。

### ストライプのカーテン

SOFIA布地、幅広ストライプ、ブルー/ホワイト ¥899/m／イケア・ジャパン ※ネイビー/ホワイトは現在取り扱いなし。ブルー/ホワイト、ブラック/ホワイトが入手可。

## ジャンル―ボックスの魔法

オープン棚は収納力がありますが、モノを直接置いて収納するのには向いていません。私はそのまま置くことはせず、必ずボックスに入れてから棚に並べるようにし、出し入れしやすくしています。ポイントは箱ごとにジャンル分けし、たとえガラガラであっても、1ジャンルに対して1ボックスを用意すること。そうすると違うジャンルのモノが混ざることがなくなり、必要なモノだけが1箱にまとまっている状態をつくれます。それだけを取り出せば、効率的に作業に取りかかれるというわけです。

また、ラベルさえつけておけば、一目瞭然でどこに何があるかがわかります。自分以外の人でも、モノが探しやすく、片付けやすいシステムです。ボックスがいっぱいになると、モノの量を見直すので、持ち過ぎの予防にも。

33　*chapter 1*　家族が集まる場所

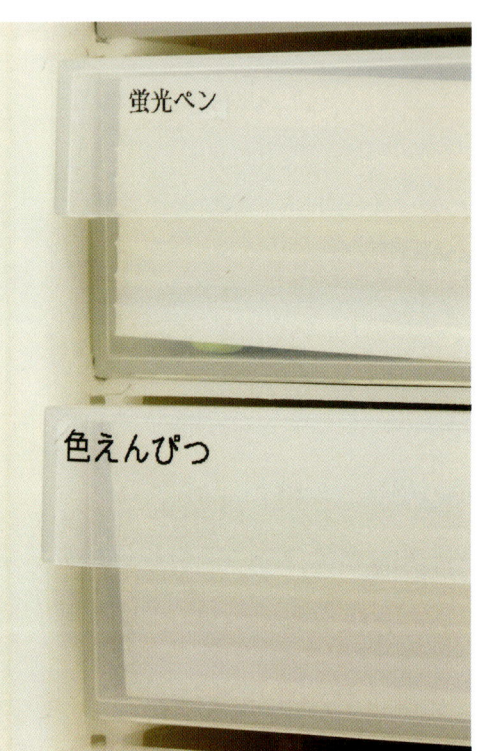

# 先々の自分をラクにするラベリング

モノをジャンルで分けて箱や引き出しにしまうだけでは使いやすい収納になりません。最後にラベルをつけ、パッと見てどこに何があるかがわかるようにすることが大切です。家族から「あれどこ？」と聞かれることも少なくなりますし、戻す場所もわかりやすい。ラベルを貼るのは面倒ではありますが、この先の暮らしがぐっとラクになる、そのことがわかっているから、〝ちょっと先〟の自分のために、ラベリングをがんばっています。

**愛用の〝テプラ〟**
私が使っているモノは廃番で、これが現行商品。テプラPRO SR150 ¥7,875／キングジム

**透明のテープ**
ラベルが主張しすぎないよう、透明タイプを愛用。透明ラベル ST18K ¥1,470／キングジム

### はがせると便利

将来的に別のモノを収納する箱になるかもしれないので、ラベルははがせるようにしておくと便利です。メンディングテープの上にテプラを貼るとはがせます。

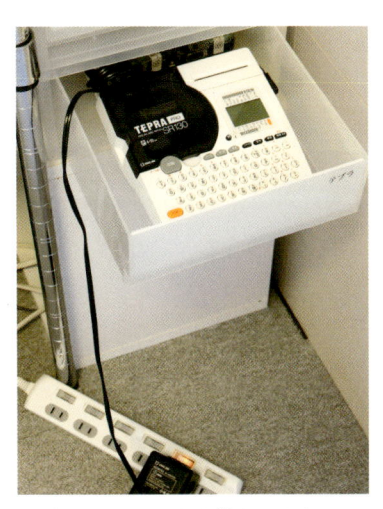

### 必要なときにすぐ使えるように

ラベルをつくる作業が面倒だと、つい、あとでと思ってしまいがちです。コンセントに近い位置にテプラ専用引き出しを用意し、すぐにラベルがつくれるよう、スタンバイ。

### 子どもにも伝わるアイコンラベル

子どもでも中のモノが想像できるように、アイコンつきのラベルをつくりました。難しいデザインはできないので、「エクセル」ソフトに入っている基本図形を組み合わせただけ。

### おもちゃ箱の写真ラベル

まだ文字の読めない子どもたちにも、おもちゃの片付け先を伝えるために、写真を撮って印刷し、カードホルダーに入れています。写真の入れ替えも簡単にできます。

## COLUMN 1

## 夫と情報を共有する

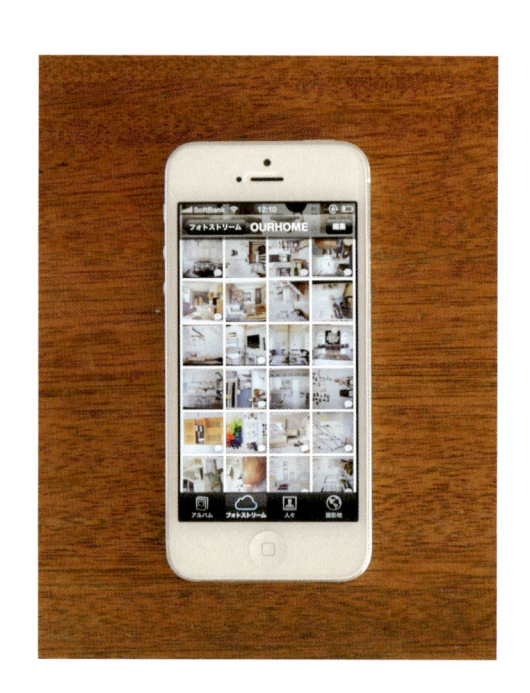

10代の頃から長い付き合いの夫とは、子育てのこと、将来のこと、それからリビングに置く雑貨ひとつ決めるのにも、日頃からよく話し合って決めるようにしています。とはいえ、お互い働く身として忙しい日々の中、ゆっくり話ができないときも。そこでお互いの"最近気になっている情報"をスマホで撮影後、iPhoneの「フォトストリーム」を活用して共有しています。最近こんなテイストが好き、これ買おうか迷っている……などを、ふたりとも見られるように。言葉で「こんな感じ」と説明するよりわかり合え、イメージがしやすくなりました。

自分の意見だけではなく、お互いの意見のいいところを拾って紡いでいくことで、少しずつ"夫婦"になっていっている気がするこの頃です。

*chapter* **2**

家事

## 最低限の家事をストレスなく回す

双子の子どもたちが1歳半のときに復職しました。とにかく目の回るような忙しさだったので、"健康に、清潔に暮らす"ことだけを心がけ、家事のハードルを下げることに。

掃除機を毎日かけるのは、食事テーブルの下だけ。洗濯物はたたまずに放り込むだけの"ポイポイ収納"。使う食器はあれこれ凝らず、毎日同じに。一方で、私ひとりで家事を負担しないですむよう、家族みんなにとって使いやすい収納システムもつくりあげました。そうやって、最低限の家事で乗りきることにしたのです。

夕食は5品出そう、アイロンは毎日きちんとかけようなどの、プラスαはしばらく棚上げ。子どもがもう少し大きくなって余裕ができたときにやろうと決めています。完璧を目指さず、手抜きを恥ずかしがらず。おかげで私のストレスが軽減。それは家族全体のシアワセにもつながっていると感じています。

# 先の手間をとるか、あとの手間をとるか

買い物から帰ってきたら、子どもたちが毎日飲む10本入りのヤクルトはビニールを外しトレイへ。宅配の荷物が届いたらすぐに開梱して、ゴミは玄関に捨て、中身だけ家の中へ。一読すると、手際のよいまめな主婦に見えますが、正直なところ私はこれらの作業を「面倒だな〜」と思いながらやっています。でもヤクルトのビニールを外さずに冷蔵庫に入れていたら使うたびに取り出しにくい。開梱していない荷物が玄関にあれば、目に入るたびに「やらなきゃ……」と気重になります。最初の手間ひとつで、あとがぐっとラクになったり、気持ちがすっきりしたり。「先にやっておいてよかった！」と思える瞬間を何度か感じると、やる気につながる気がしています。先にやっておいたおかげで生まれた時間の余裕は、気持ちにも余裕をもたらしてくれます。面倒でも、すっきりした暮らしをイメージしながら、頭で考えずにまず手を動かすことが大切です。

Kitchen

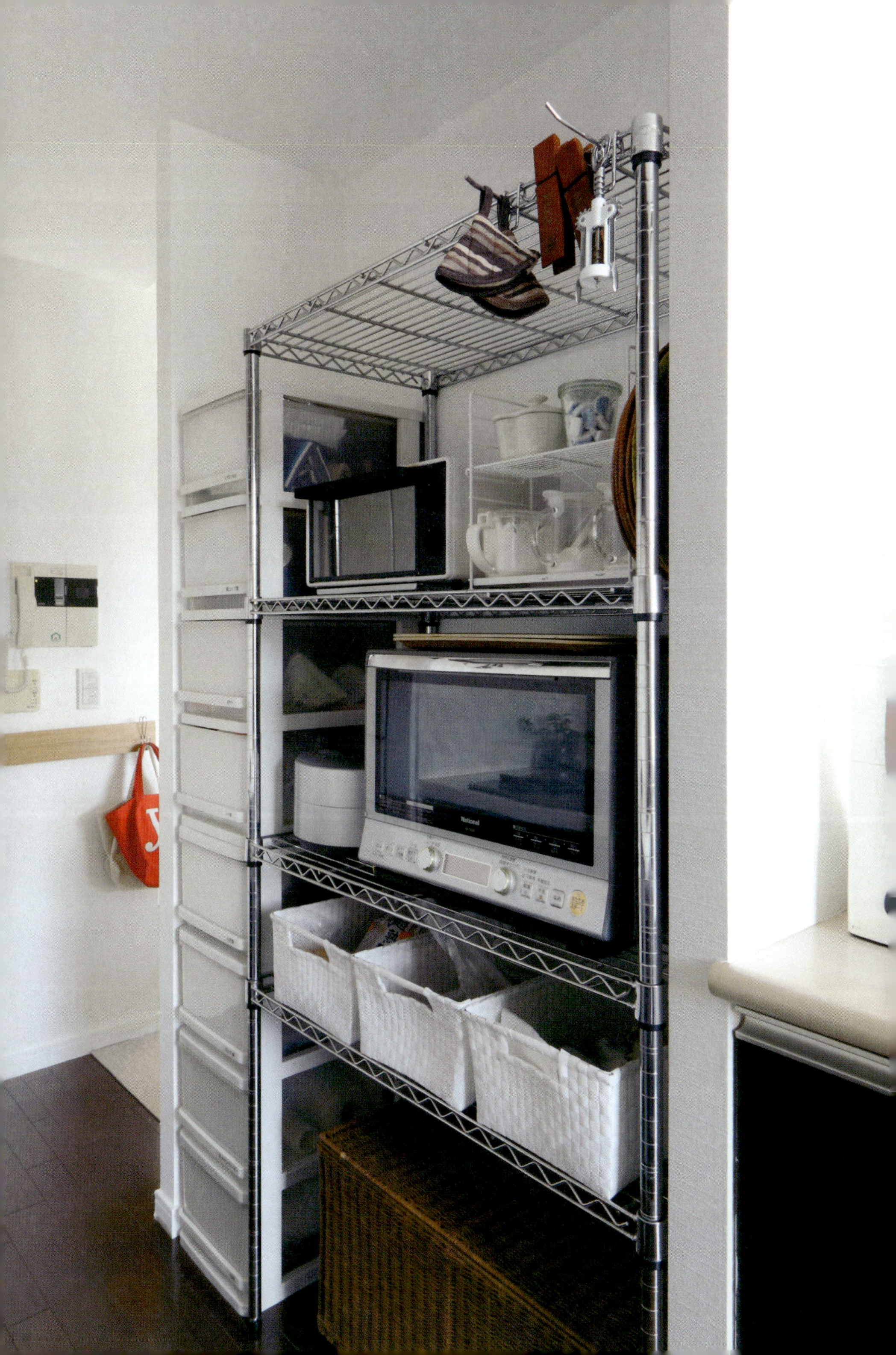
National

## キッチンを分解！

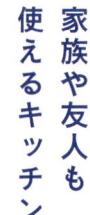

シンク側

## 家族や友人も使えるキッチンに

いろいろな場面でヘルプしてくれる両親、週末に遊びに来てくれる友人たち。もちろん夫も。キッチンを使うのは私だけではないので、誰もがパッと見て理解できる収納に。

### シンク上（左）
探すときにいろいろな扉を開けずにすむよう、飲むときに使う食器はすべてここ。下はコップ、上は湯のみ、急須。

### シンク上（中）
手が届きやすい最下段には、よく使う器を。上段は取っ手つき容器に入れて取り出しやすくし、汁椀や弁当箱を。

### シンク上（右）
食洗機の上に位置する吊り戸棚にはお皿を立てて収納。重ならないので、ワンアクションで出し入れできます。

### つっぱり棒にS字フックを掛けて
シンク上の、照明が埋め込まれている場所につっぱり棒を設置。湿気を帯びやすいモノを中心に吊るしています。

### 大人のカトラリー
引き出し最上段は「無印良品」の"PP整理ボックス"を使用してカトラリーを収納。

### 子どものカトラリー
自分たち自身で出し入れできるよう、手が届く位置の引き出しに、子ども用カトラリーを。

### 掃除グッズ
最下段は掃除グッズや掃除洗剤などを。深さもあるので、しっかり納まり、重宝です。

### シンク下の引き出し
ボウル、スティックミキサー、包丁などのツールと、生ゴミ用の新聞、食べ物おすそ分け用の紙袋などを収納。

### 鍋、フライパン
コンロで使うモノだから、鍋やフライパンはコンロ下が定位置です。この中に入る数量しか持っていません。

## キッチンを分解！

棚側

### フックに吊るす
スチール棚には専用フックを追加し、鍋つかみやワインオープナーを引っかけました。すぐ手が届くので便利。

### 調味料ラック
塩、砂糖、粉類はシンク上ではなく、ここが定位置。食洗機用の洗剤は箱＆小袋から出し、すぐ使えるよう用意。

### 樹脂製引き出し
オープン棚の左横には樹脂製の引き出しを8段置いています。上から、エプロン、紙皿類、おやつ、レジ袋、お茶、ラップ類、キッチンペーパー、古布。キッチンでも1ジャンル1引き出しに。

### パン
お手伝いの意味もあり、子どもたち自身でも取り出せるよう、パンは低い位置に。同じ白いかごを並べてすっきり。

### 食品棚
造りつけの腰高の棚中には麺、缶詰、コーヒー、調味料などのストックを。クラフトボックスなどで分類収納。

### ゴミ箱はベランダに
ゴミ箱はキッチン内に置かず、ベランダのキッチン寄りの位置に。1日分をレジ袋にためてからこちらに入れます。

### 大きなかごボックス
最下段にキャスターつきのかごを置き、換気扇のフィルターなど、形が大きくて不定形のモノを収納。

### 根菜
冷蔵庫に入れる必要のないじゃがいも、玉ねぎなどをここに。四角いかごなので、スペースに無駄が出ません。

### ふきん
ふきんは立てて収納して、さっと取り出せるように。すき間があっても1ジャンル1ボックスを貫きます。

### キッチンのモノ選びのルール

## 1

### 白・シルバー・木を基本にする

白は清潔感があり、同シリーズのモノでなくても統一感が生まれます。
とくに白い食器は、和食にも洋食にも合うので重宝します。
キッチンツールや棚は道具としての美しさがあるシルバーで統一。
そして、数は多くはないけれど、椀、箸、トレイなどは木のモノ。
どれも圧迫感がない色味でキッチンをすっきり見せる効果大です。

## 2

### 一石三鳥のアイテム

ひとつの用途にしか使えないモノではなく、何通りもの使い方が
できるというのが、キッチンに限らず、私のモノ選びのルールです。
とくに、狭いキッチンではより有効な考え方。
例えば、保存容器は食器にもなり、グラタン皿にもなり、
持ち寄りパーティではそのまま出せるすぐれモノを選んでいます。

## 3

### 重ねられるモノ

鍋は取っ手をはずすことで、保存容器はふたを取ることで
重ねられるモノをセレクト。スペースの無駄がなくなります。
コップや皿は、重ねられるのはもちろんのこと、
薄かったり、重なる度合いが深かったりと、
スタッキングした状態もコンパクトなモノを選んで省スペース化。

### 樹脂製のコップ
カラフルなモノと違って飲料の残量がわかり、子ども用に重宝。ＭＳコップスタック¥105／ナカヤ化学産業

### 仕切りつきプレート
ご飯とおかずが分けられて便利。子ども用として使っています。同右 ランチ皿（小）CP-8915／ワールドキッチン

### 軽くて薄い、白い皿
割れにくいのも魅力。コレール ウィンターフロストホワイト 中皿CP-8909／ワールドキッチン

### 定番品のカトラリー
少しずつ増やして。カイ・ボイスン グランプリ ディナーナイフ ¥1,638フォーク、スプーン 各¥1,365／大泉物産

### 大人用の木の箸
夫と長さを揃えれば、箸合わせのストレスから解放されます。めいぼく箸 たがね楓 大23.5cm ¥1,260／薗部産業

### 曲線が美しいコップ
口部強化ガラスで割れにくい。ソフトドリンク タンブラー 220（商品番号：B-08124HS）¥367／東洋佐々木ガラス

### 省スペース化する鍋
取っ手をはずせば重ねられる「ティファール」製。色の濃いモノを選んだのは汚れが目立たないから。／ティファール ※同色は廃番。新シリーズ入手可能

### アッタ素材のアイテム
洗う必要がなく、はたいたり光に当てたりすればOKでラク。これは廃番ですが、似たモノをネットで入手可能。

### 大きめのトレー
〝いかにもお盆〟ではないので、カフェのようなランチョン代わりにも使えます。木製トレー ¥999／ニトリ

### 白いかご
軽いので子どもにも扱いやすく、水ぶきできて清潔。四角は、スペースにも無駄なし。「ベルメゾン」のもの（廃番）。

### 無印良品のPPボックス
サイズが揃うのが魅力。カトラリー入れに。PP整理ボックス 2 約幅8.5×奥行25.5×高さ5cm ¥150／無印良品

### ガラスの保存容器
中身が見え、スタッキングも可能で耐熱。パック＆レンジシステム（IWAKI）7点セット ¥3,490／ベルメゾン

## スチールラックを賢く使い回す

将来的に使い回せるような、使う場所や用途を限定しないモノを選ぶのが私のルールのひとつ。スチールラックはその代表的な存在で、収納するモノに合わせて棚板が動かせ、自由にカスタマイズできるので、さまざまな使い方ができます。現在はキッチンに置いて電子レンジと炊飯器台を兼ねた収納棚に。カウンターに合わせて85cmの高さに置けるようにし、作業がしやすくしてあります。家電などの重たいモノを積載できるのも、用途が広がるゆえんです。

**Before**

以前の住居では洗面所で活用。棚位置次第で用途が自在に。

**フックがあるとさらに便利**
メタルラックフックシングルタイプ MR-12F オープン価格／アイリスオーヤマ

## キッチンもージャンル1ボックス！

キッチンでは引き出しやかごを1ボックスと考えて、書類などと同様（P31参照）、1ジャンル1ボックス収納を採用しています。例えば、お茶類、レジ袋、おやつ、古布という具合に、ジャンルはゆるく自分仕様です。ラベルを貼っているので迷いなくしまえ、さっと取り出すことができます。夫、親、友人など、私以外の人にもよくわかり、「あれ、どこ？」と聞かれることがなくなります。

大きな引き出しに他ジャンルのモノと一緒に収納すると、中を仕切る必要がありますが、1ジャンル1ボックスなら、たたんだり、きれいに並べたりはせず、放り込むだけの〝ポイポイ収納〟でOK。

がんばらない収納法なので、無理なく続けられ、暮らしやすさをキープできます。

## キッチンツールは各一個

双子たちが生まれたばかりの頃は、双方の両親に手伝いをお願いすることも多かったので、その頃から誰もが使いやすい、パッと見てわかるキッチンを目指すようになりました。立てるツール収納はモノのありかがすぐわかる収納です。ふだんはツール立てごと、コンロ下の引き出しに収納しているので、上から覗(のぞ)けばすぐに見つかり、出し入れも便利です。

ここで気をつけているのが、同じ用途のツールは1個に限定すること。菜箸も1組だけです。いくつも持っていると調理中に次々使ってしまい、洗いものを増やしてしまいがち。それよりも、その都度洗って、1個を使い回すようにしています。また、数量を限定することで省スペースになり、キッチンをすっきりさせることにもつながります。

## 「あるべきもの」はなくても大丈夫

わが家では、毎日たっぷりの麦茶をわかすのに、長年、やかんを使ってきました。さびが気になってきたタイミングで見直し、鍋を使うことに。出番の少なかった、ステンレスの片手鍋を麦茶専用にしたのです。麦茶はやかんでわかすと思い込んでいましたが、鍋を使ってみると、以前のやかんよりも沸騰するのが速く、丸洗いも簡単。換気扇フードにかけられるからコンロ上がすっきり。いくつもいいことがありました。

ほかにも食器棚は置かず、シンク上の吊り戸棚に食器を収納したり、ダイニングセットの代わりに大きなローテーブルを使ったり。「あるべきモノ」と思い込んでいるモノでも、自分たちの暮らしに必要かという視点で見直せば、なくても大丈夫ということに気がつき、モノが少なくてもシンプルな暮らしを送ることができます。

# 料理の手間を減らし、時短する

仕事を終え、子どもたちを保育園に迎えに行き、帰宅してから夕飯の準備。料理にかけられる時間は、20分です。おなかの減った子どもたちを待たせないよう、料理の手間を減らす時短料理を心がけています。

包丁とまな板を出さず、野菜はスライサーで直接みそ汁鍋へ。から揚げの下味は、ボウルを使わずポリ袋で。餃子はまとめてつくって冷凍。スープに入れるだけで、肉も野菜も食べられるから、餃子があると本当に気がラクになります。

から揚げの下味はポリ袋で。洗いものがひとつ減ります。

餃子はまとめて100個製作。最近は子どもと一緒に。

50

## 子どもが自分でできるシステムづくり

夏ともなれば、一日に何度も子どもたちから「お茶〜」と呼ばれます。そこで考えたのが、「麦茶はご自由に」システム。キッチンとリビングの間にスツールを置き、冷たい麦茶のポットと割れにくい樹脂製のコップをセット。これで危険もなく、子どもたち自身で飲めるように。私がラクになっただけでなく、子どもも自分でできることが嬉しいようです。ほかにもカトラリーや朝のパンの準備など、子どもたちが自分でできる収納システムを考えています。

手が届く引き出しに、子ども用カトラリー入れを。

朝食のパンも自分でかごから取り出して準備しています。

Wash room

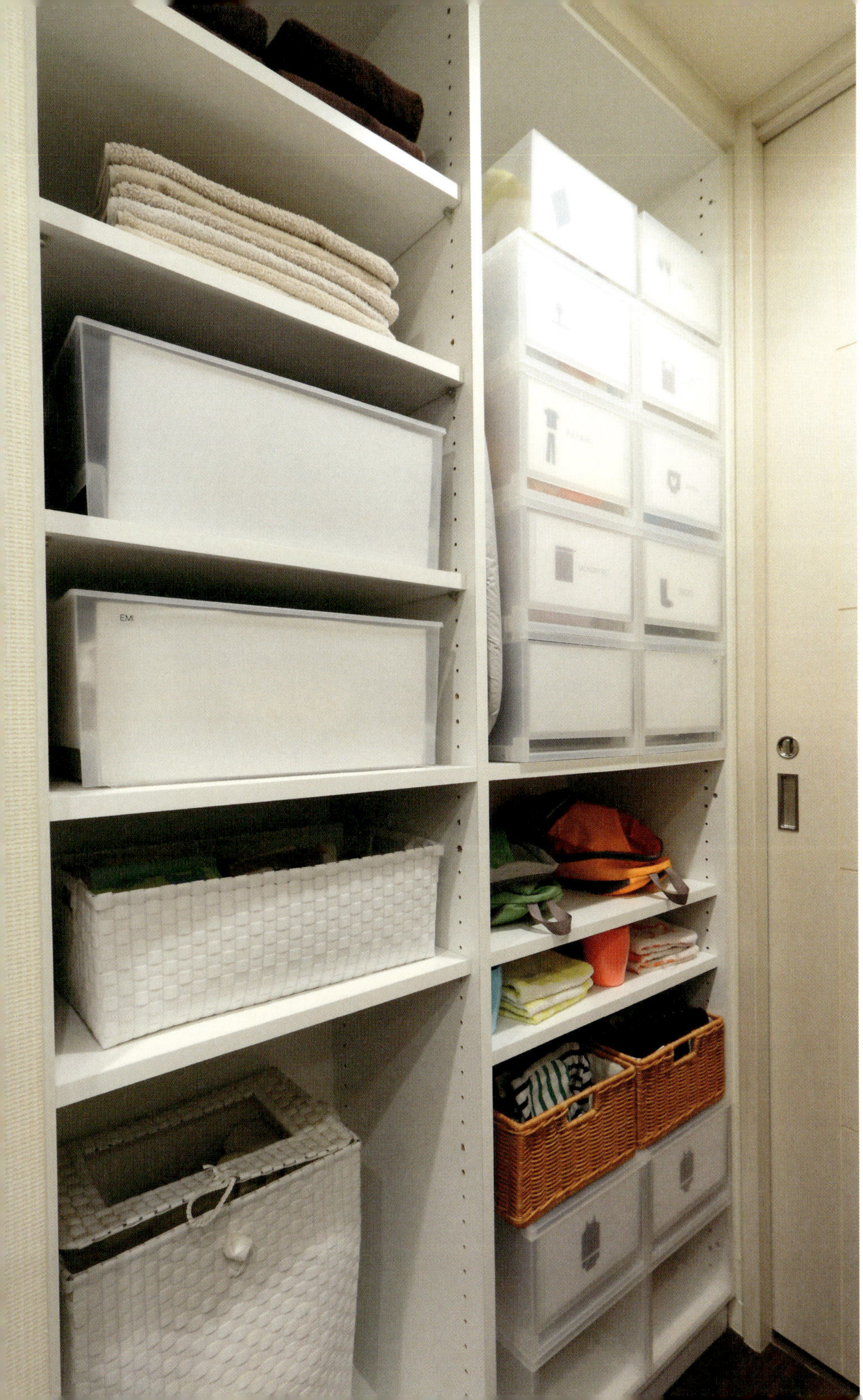
EMI

## 洗面所を分解！

### 洗面台側

**洗面所のシステムがラク家事の決め手！**

毎日、洗濯物が出たり入ったりするうえ、細かいモノも多い場所。家事をラクにするために、洗面所のシステムづくりはとても大切です。工夫次第で暮らしがぐっと快適に！

### 夫のスペース
左の鏡裏が夫用。ほかの扉を開けることなく、身づくろいができるので、モノ別ではなく人別での収納が便利です。

### 私のスペース
真ん中の扉は私専用にし、メイク道具、コンタクトなどを収納。いろいろな扉を開閉せず、朝の準備ができます。

### 共有スペース
鏡裏は3つの棚に分かれており、右側にはシャンプーや歯ブラシなどのストックを収納。

### 電化製品
ドライヤーと掃除機の充電器を収納。洗濯機との間が掃除機の定位置なので、移動させずに、その場で充電可。

### ヘアゴムなど
1ジャンル1ボックスで、髪用のゴムやピンはこの引き出しに。ここは、娘と私共有です。

### 薬・衛生用品
水回りにあると便利なので、湿度の低さを確認してここに。ファイルボックスで仕分け、見渡しやすく収納。

### ゴミ箱
洗面所に必須なゴミ箱は、扉の中に置いています。足元の邪魔にならず、掃除機もかけやすい。

### お手入れグッズ
ブラシやハンドクリームなど頻繁に使うモノだけ厳選して洗面台の上に。トレイの中に収めれば、すっきり！

### 歯ブラシ
湿気を帯びているモノなので扉の中にはしまい込みたくない歯ブラシ。吸盤で扉下の空きスペースに4本並べて。

## 洗面所を分解！

棚側

**フェイスタオル**
バスタオルは持たず、いわゆるフェイスタオルを10枚。体も髪も顔もこれで拭きます。乾きやすいので便利。

**ハンドタオル**
洗面所とトイレ用のタオル。お客様も使うので、質感のいいモノをセレクト。「マークスアンドウェブ」のもの。

**1ジャンル1ボックスの引き出し10個**
洗濯ネット、靴下、パジャマ、シーツなどを混在させず、それぞれに引き出しを用意。私と夫の下着も各1引き出しずつ。たたまず、放り込むだけの〝ポイポイ収納〟を採用して、片付けをラクに。

**夫のパジャマ**

**私のパジャマ**
私と夫の一度着たパジャマの収納場所。これもたたまない収納なので、しまうのが面倒になりません。

**おむつ**
かごよりも、引き出しに収納する方が、モジュールが揃ってすっきり。出し入れもラク。

**子どもが自分でできる身支度〝ロッカー〟**
詳しくは→P60

**ミニタオル**
ごはんのときに口や手を拭くミニタオルはここ。食事のときにひとり1枚、子どもたち自身で取り出せるように。

**洗濯かご**
棚の中に洗濯かごも収めて、床面広々と。子どもたちにも届く位置なので、自分たちでポイッと入れてくれます。

**洗濯ネット**
洗濯ネット8枚も、たたまず引き出しへポイポイ収納。洗う服が出ることに、ネットへ入れて洗濯かごへ。

## 収納の扉をはずして、使いやすく

洗濯機の向かい側の収納庫には、本来、8枚の扉がついていました。でも扉を開閉せずワンアクションで取り出しやすくするために、入居当初からはずして使っています。オープン棚の収納はひと目で見渡すことができ、子どもたちも使いやすく便利です。追加で導入したのが、モジュールの揃う「無印良品」の引き出し。見た目もすっきりするうえ、私の得意な"ポイポイ"収納（＝たたまず、放り込む）にも最適です。

**Before 1**

本来ついていた8枚の扉。迷いましたが思いきって処分。

**Before 2**

子どもが小さい頃は上にポールを渡して、かける収納に。

## メイクグッズはトートバッグに

今では一日中家で仕事をする日もありますが、毎朝メイクは必ずすると決めています。気持ちが引き締まりますし、突然何かがあってもパッと出かけることができます。

私のメイクグッズはこれですべて。必要最低限のシンプルメイクです。持ち手つきのバッグに入れ、洗面所の鏡裏の棚に収納。ペン類は紙コップに立て、汚れたら取り替えるようにしています。リビングでメイクをすることもあるので、スマートに持ち運べて便利です。

**Before**

以前は綿棒やベビーオイルなど、赤ちゃん用ケアグッズを。

**持ち運べる収納バッグ**
キャンバスキューブバッグ¥2,310、キャンバスキューブ各¥1,050／マークスアンドウェブ
※ダークブラウンは現在販売終了

# 家が片付く、家事がラク！わが家の洗濯システム

小さな子どもがいると、洗濯は毎日のことです。少しでもラクするために、ドラム式洗濯乾燥機を用いて、「洗う→干す→しまう」を一カ所にまとめた洗濯システムをつくりました。

## [ 平日の洗濯 ] *weekday*

平日の洗濯物は「干さない！」と決め、乾燥機を利用。
「洗う→干す→しまう」を洗面所で完結！

**4 振り返れば、収納場所**
洗濯機から出しながらタオルをたたみ、向かい側の棚に。大人の下着は、つかんでそのまま引き出しへ。たたまないので早い＆ラク！

**1 汚れモノを各自で洗濯機へ**
タオル、普段着、保育園着など、毎日洗うモノは、夜洗濯機へ。乾燥機を使うと縮むので、子ども服はあらかじめワンサイズ上を選択。

▼

**5 子どもの服は各自のかごへ**
グリーンとピンクのかごに息子と娘の服を仕分けながら取り出します。子どもたち自身で身したくができるようになるための準備です。

**2 予約ボタンを押し就寝**
洗濯から乾燥までノンストップ。夜寝る前にセットし、朝6：00に仕上がるよう予約。※防音マットを使うなど階下への配慮を忘れず。

▼

**6 子ども自身でたたむ**
あくまでも私はふたりを手伝うスタンスとし、子どもたち自身がたたむルール。乾燥機で時短した分、ここは時間をかけて、〝家事育〟を。

**3 朝6：00 仕上がり**
朝、起きたら、もう乾燥した状態で仕上がっています。乾燥機にかけられるモノだけを普段着として選んでいるので、これが実現。

58

## [ 休日の洗濯 ] *holiday*

乾燥機にかけられないモノ、保育園から持ち帰るシーツなど
外に干す洗濯物は、基本週末に。この割り切りで洗濯がラクに。

### 4 外干し
洗面所から外干しをするベランダまでは一直線。一度もリビングを通ることなく、外へ。リビングで室内干しをすることはありません。

### 1 ネットに入れてかごへ IN
しわになるモノ、おしゃれ着など、乾燥機にかけられない服は脱いだときにネットに入れて洗濯かごに。先にやっておけば、あとがラク。

▼

### 5 乾いたらクローゼットへ
ハンガーにかけている洗濯物が乾いたら、そのままクローゼットへ。洗濯干し用と収納用のハンガーは兼用なので、移動させるだけ。

### 2 休日にまとめて洗濯
毎日の洗濯は終わっているから、休日にするのは、外に干したいモノだけ。ちなみに夏は平日にも外干し用洗濯を1〜2回はさみます。

▼

### 6 洗面台でアイロンかけ
アイロンかけが必要なものは、着る直前に洗面シンクの上にアイロン台を広げてアイロンかけ。これもリビングを通らないシステムに。

### 3 その場でハンガーにかける
洗濯が終わったら、ハンガーにかけるモノはその場で。形も揃って外への移動もスムーズ。洗濯機上にバーを設置しています。

## 子どもが「ひとりでできる！」
## 毎日の身支度 〝ロッカー〞

子どもたちの平日服はすべて洗面所で管理しているわが家。お手本は保育園のロッカーです。息子が左、娘が右と左右対称にし、それぞれ自分自身で管理ができる量だけに絞り、収納を工夫しました。

**翌日保育園に持って行くアイテム**
洗い終わったコップは私がここに収納。準備のときに子どもたち自身でリュックの中へ入れます。

**通園リュック**
夕食後、中の洗濯物やコップを出し、リュックはここへ。ひっかけ収納より片付けやすいようなので、棚に。

**通園の洋服**
3歳前くらいから、平日の洋服は子ども自身に選ばせています。朝、このかごから洋服を選び、自分で着がえます。

**下着＆靴下**
下着も息子＆娘別にそれぞれ1引き出し。ケースの前面に紙を入れ、下着のアイコンをつけて、わかりやすく。

**脱いだパジャマ**
まだ洗わないパジャマはここ。引き出しを抜いて棚状にし、放り込むだけの方法にしたので、子どももできます。

## 「自分のことは自分で」
## 毎日の帰宅後スケジュール

[ 子どもたちの行動 ]　　　　　　　[ 私の行動 ]

**保育園から帰宅** ─ 18:00 ─ **保育園から帰宅**
アウター＆帽子を
玄関のかごに入れる

　　　　　　　　　　　18:05 ─ **子どもと一緒に入浴**

**すぐお風呂！**
服は自分で洗濯機へIN

　　　　　　　　　　　18:30 ─ **夕食準備**

**夕食準備**
・配膳手伝い
・テーブル拭き

　　　　　　　　　　　19:00 ─ **夕食**

**夕食**

**夕食後**
各自リュックの中身を出す
→洗濯物は洗濯機へ
→コップ、お箸はシンクへ

　　　　　　　　　　　19:30 ─ **洗い物**
　　　　　　　　　　　19:35
　　　　　　　　　　　19:40

　　　　　　　　　　　20:00 ─ **子どもと遊ぶ**
　　　　　　　　　　　　　　　家事をしながらではなく、
　　　　　　　　　　　　　　　きちんと向き合って
　　　　　　　　　　　　　　　遊ぶ時間を30分。

**明日の準備**
新しいコップとお箸などを
棚からリュックの中へIN

**〝がんばったね表〟(P101)に
シールを貼る**

　　　　　　　　　　　20:30 ─ **就寝準備**

**自由に遊ぶ**

**就寝準備**

　　　　　　　　　　　21:00 ─ **絵本を読み、就寝**
　　　　　　　　　　　　　　　家事をすべて終わらせ、
　　　　　　　　　　　　　　　洗濯も予約。私もそのまま
　　　　　　　　　　　　　　　寝てもいい状態に。

**就寝**

私が全部やってしまった方が、早くてラクです。でも自分のことは自分でできる子に育ってほしいから、3歳からは、子どもたち自身が準備しやすいシステムをつくり、今では毎日の習慣となっています。

Toilet

本書をお買い上げいただき、誠にありがとうございます。
下記のアンケートにお答えいただけたら幸いです。
ご返信いただいた方の中から、
**抽選で毎月5名様に図書カード(1000円分)をプレゼントいたします。**

● **お買い求めいただいた本のタイトル。**

● **この本をどうやってお知りになりましたか?(複数回答可)**

1. 書店で実物を見て　　　　　　　2. 知人にすすめられて
3. テレビで観た(番組名：　　　　　　　　　　　　　　　)
4. ラジオで聴いた(番組名：　　　　　　　　　　　　　　)
5. 新聞・雑誌の書評や記事(紙・誌名：　　　　　　　　　)
6. インターネットで(具体的に：　　　　　　　　　　　　)
7. 新聞広告(　　　　　新聞)　8. その他(　　　　　　)

● **購入された動機は何ですか?(複数回答可)**

1. タイトルにひかれた　　　　2. テーマに興味をもった
3. 装丁デザインにひかれた　　4. 広告や書評にひかれた
5. その他(　　　　　　　　　　　　　　　　　　　　)

● **今後、ワニブックスから出版してほしい著者や企画があれば教えてください。**

● **この本についてのご意見・ご感想をお書きください。**

ご協力ありがとうございました。

郵便はがき

**150-8482**

お手数ですが
50円切手を
お貼りください

# 東京都渋谷区恵比寿4-4-9
# えびす大黒ビル4F

# （株）ワニブックス
# 書籍編集部 行

| ご住所　〒 | | |
|---|---|---|
| | TEL(　　-　　-　　) | |
| （ふりがな）<br>お名前 | 年齢　　歳 | |
| | 男・女 | |
| ご職業 | | |
| メールアドレス | | |

●いただいたご感想を、新聞広告などに匿名で使用してもよろしいですか？（はい・いいえ）
※ご記入いただいた個人情報は、許可なく他の目的で使用することはありません。

## トイレを分解！

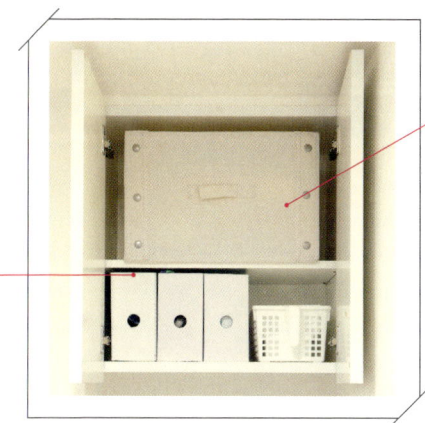

**掃除用具など**
ファイルケースを使ってトイレに必要なモノを収納。左から掃除用シート、トイレブラシの替え、サニタリー用品。

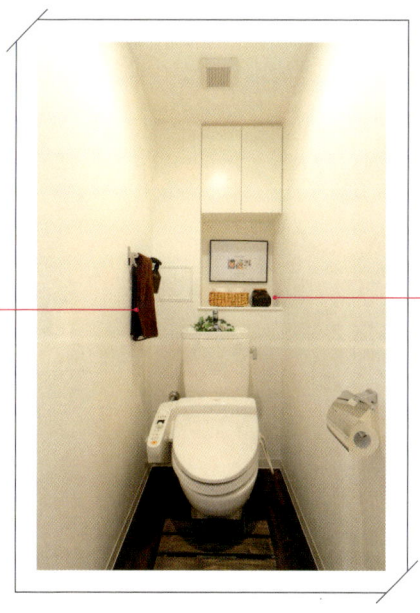

**トイレットペーパー**
トイレ上の棚に「東洋ケース」のカラーボックス用の箱を入れて予備を。12ロールがぴったり入る大きさです。

**タオルバー**
「IKEA」で購入したものを取りつけました（現在は廃番）。クエン酸水を入れているボトルは「無印良品」。

**おしりふき**
子どものおしりふきシートは陶器に木のふたのついたケースに。ウェットシートケース L ￥2,625／ideaco

**踏み台は子ども自身がカスタマイズ**
トイレで使う踏み台は、ホームセンターで購入したものを夫と息子でペイントしました。息子も満足の様子。手づくりの楽しさも伝えていきたいです。

## トイレマットは敷かない

以前は、温かい雰囲気が好きでトイレマットを使っていました。でも子どもたちのトイレトレーニングを機に、廃止。ほかの洗濯物とは一緒に洗えないのに、頻繁に洗う必要が出てきたため、大変と感じるようになったのが理由です。汚いマットをそのままにしておくより、汚れたら、そのつどさっと拭く方がずっと清潔。スリッパも洗うよりも拭く方式で合皮のモノを選択しました。床もフローリング風のクッションフロアにしたので掃除がラクです。

**ウッド風クッションフロア**
住宅用クッションフロア ウォルナットHM-4022 ￥2,887／㎡（施工費別）／サンゲツ

**抗菌スリッパ**
水拭きOKで清潔。「カウコレプライス」抗菌レザー調スリッパ ￥552／カウネット

## 「つど」掃除ができるしかけを

小さな子どもがいるとトイレがよく汚れます。トイレは、汚れたらそのつど掃除を基本にしているので、気がついたらすぐ掃除ができるしかけを考えました。雑巾や洗剤を取りに行くという方法はハードルが高いので、基本はトイレットペーパーとクエン酸水を使用。クエン酸水はタオルポールに引っかけてスタンバイ。すぐ手に取れるので、面倒になりません。トイレブラシは汚れが気になるので、先端部分が使い捨てられるタイプを愛用しています。

**使い捨てできるトイレブラシ**
スクラビングバブル シャット
流せるトイレブラシ 本体 ¥730、替えブラシ（12個入り）¥365（編集部調べ）／ジョンソン

使い捨ての先端部分はあらかじめ切っておき箱の中へ。

closet room

# クローゼットを分解！

**私のスペース**

手前のラックと樹脂ケースの左列が私専用。洋服はかける収納がラクなので、できるだけハンガーがけに。この向かい側のラックが夫のスペース。そこはノータッチを心がけて。

**子どものスペース**

クローゼットルームの一番奥のスチールラックと、樹脂ケースの右列が子どもの週末の服を収納する場所。今後はポールの位置を下げ、子ども自身で選べるようにする予定です。

**巻物は引き出しへ**

ストールなどの巻物は、夏用、冬用と分け、引き出しへ。形も定まらないので、"ポイポイ収納"向き。季節外のモノは高い位置に収納し、季節に合わせて引き出しを差し替え。

**一度着た服にも定位置を**

着た服をすぐにラックに戻すのは抵抗があるので、ラックに付属できるフックを使ってしばらくかけておきます。帰宅後、とりあえず、バッグやストールをかけることも。

## クローゼットは玄関から一番近くに

寝室のクローゼットに洋服を収納すると、遅く帰ってくる夫が、すでに寝ている子どもや私に気をつかい、暗い中でそ〜っと着替える、こんなことになりがちです。そこで、わが家は玄関から一番近いひと部屋を丸ごとクローゼットにしました。ここなら電気をパチンとつけても子どもを起こす心配がありません。

帰宅したら、玄関からこの部屋に入ってスーツを脱ぎ、そのままお風呂へという動線なので、背広がリビングの椅子の背にかけられたままということも防げます。時計やバッグもすべてここに置けるようにしているので、朝の準備のときに探し回る必要もありません。私の服、子どもの週末の服もまとめてここにあり、洗濯物も一度に戻せてラク。ひと部屋丸ごとクローゼットはメリットがいっぱいです。

## クローゼットはフレキシブルな形に

ひと部屋をクローゼットにするにあたって、リフォームをしたり、新しくモノを購入したりということはしていません。賃貸暮らしの頃から使っているスチールラックや樹脂ケースを置いているだけです。スチールラックは、棚板やポールの位置で使い方が変えられるうえ、すべて見渡せるのが魅力。どこに何があるかが一目瞭然。扉がないので出し入れもラクです。また樹脂ケースは私の収納の基本である、1ジャンル1ボックスを実現するのに便利で、上下を入れ替えるだけで衣替えも簡単に完了します。

この部屋はゆくゆくは子どもの個室にするつもりなので、すべて動かせるモノでつくりあげています。フレキシブルなモノを利用することで、家族の成長に合わせ、そのときにふさわしい収納へと変えていくことができます。

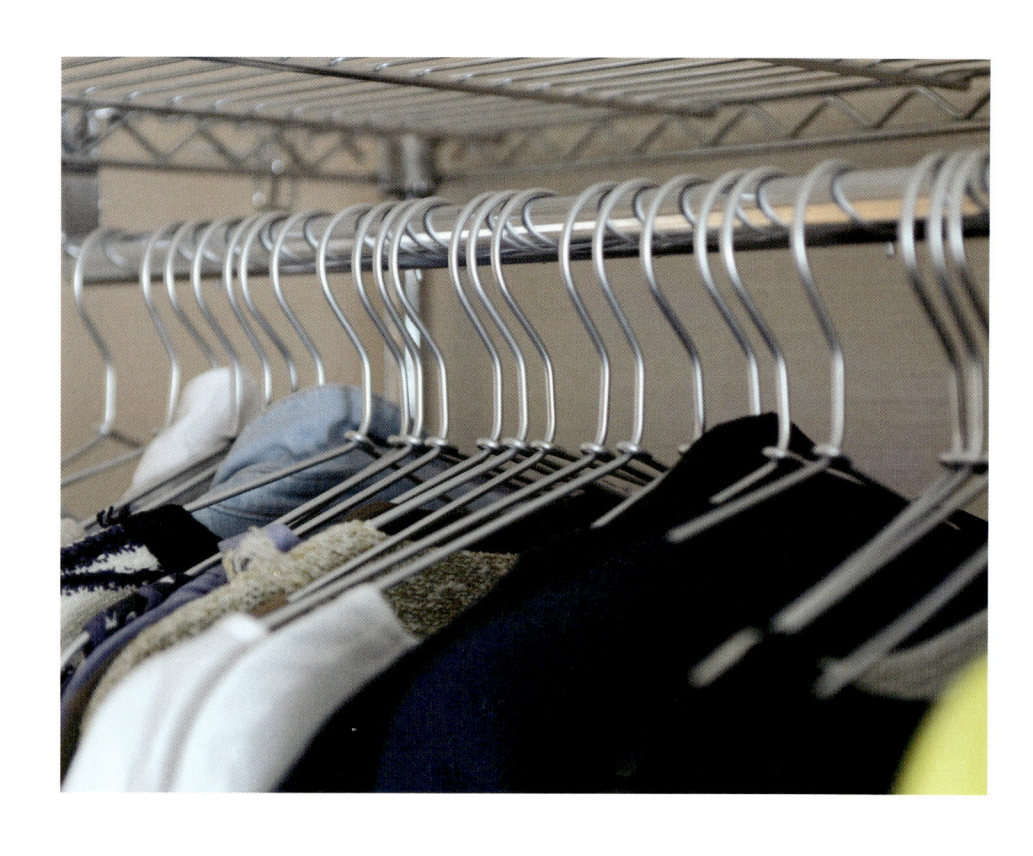

## できるだけ、たたまない収納

下着類はたたまず、乾燥機からそのまま引き出しへ収納しています。さすがにシャツなどはそうするわけにはいきませんが、苦手な"たたむ"作業をできるだけせず、基本はハンガー収納にしています。洗濯物用、クローゼット用のハンガーはもちろん兼用。洗濯物が乾いたら、クローゼットに移動させるだけで収納完了。かけられるだけと思えば、洋服も増え過ぎることがありません。ハンガーは全部同じモノを揃えて、見た目もすっきりさせています。

**大人の服用ハンガー**
厚みがなく取り回しがラク。
アルミ洗濯用ハンガー・3本組
（約幅33cm）¥300／無印良品

**子どもの服用ハンガー**
クリーニング店でもらったYシャツハンガーが小さい洋服にぴったり。

## 一時置きスペースの威力はすごい！

紙袋に入って、リビングの隅などにころがってしまいがちなモノって、ありませんか？ 例えば、借りている何かだったり、誰かにゆずる子ども服だったり。ずっと置いておくモノではないから、きちんとした収納場所をつくらない人も多いと思うのですが、これが部屋の散らかりの原因になると思っています。

私は、クローゼットにそれ専用のボックスを置きました。おかずのおすそ分けをもらったときの容器など、返却するモノを入れる実家行きボックス、小さくなってリサイクルに出したり、友達にゆずったりする子ども服のボックス。出しっぱなしが防げるだけでなく、出かける前にここをチェックすれば、返すこと、渡すことを忘れることもありません。一時置きスペースをつくることの威力は意外と大きいのです。

# Bedroom

家族4人で寝ている寝室。
子どもが落ちても危なくないように、
すのことマットでローベッドに。

**飾り棚**
ワイン箱を並べてベッドヘッドに。ローベッドを万年床に見せないアイデアです。将来的には違う使い方も可能。

### すのこベッドのつくり方

**3**
「マニフレックス」のマット、ダブル1、シングル1をのせ完成。

**2**
ロール状に巻けるタイプのすのこを敷きます。（同じモノは廃番）。

**1**
上の5個は棚として使えるように、正面に向けワイン箱を並べて。

72

## クローゼットを分解！

ベッドルーム

寝室のクローゼットは納戸代わりに。
季節家電、昔のアルバム、クリスマスツリーなど、
使用頻度の少ないモノを中心に収納。

### 来客用座布団
家族だけのときは使わないので、ここへ。取っ手がついている袋に入れれば、まとめておろしやすくて便利。

### ひな人形＆かぶと
3箱もあってかさばっていたので、内箱から中身を出して巾着袋などに移し、なるべくコンパクトに収納。

### 季節家電など
加湿器、ミシン、ホームシアター、湯たんぽなど。季節限定品や、ときどき使うだけのモノを収納しています。

### 季節外のシーツ
夏と冬でシーツ類を交換するので、季節外のモノはここに。手前は夏に冬のふとんをしまうための空きスペース。

### 旅行用アイテム
旅行のたび、必要なモノをあちこち探すのは大変。変圧器、洗濯ばさみなど、旅で使うモノはまとめておきます。

### クリスマスツリー
かなり大きなツリーですが、元々入っていた箱に入れれば意外にすっきり。扇風機の奥に入っています。

### 扉裏にメモ
奥が深く、どこに何が入っているかわかりにくくなるので、扉裏にメモ。探しものの時間が短縮できます。

Entrance

## 玄関を分解！

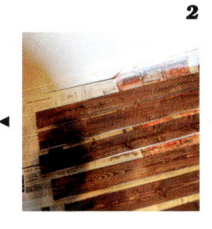

**3** ◀ **2** ◀ **1**

### たたきを板張りにDIY
大理石の冷たい感じが好きになれず、DIYを決行。幅約9cmの板にオイルステインを塗って並べているだけ。

[左側・中央の棚]　　　　　　　　[右側の棚]

### 私のスペース
少ない手間でシンプルに暮らしたいので、収納力をアップさせるグッズは使いません。靴を減らすことを選択し、出し入れしやすく。

### 子どものスペース
子ども自身でも出し入れできるよう、下の方にふだん使いの子ども靴を集結させています。上には来客用スリッパや靴ケアグッズを。

### 夫のスペース
ひとつの扉を開ければ持っている靴をすべて見渡せるのが理想。あちこちの扉を開閉せずにすむよう、夫の靴はすべて同じ棚の中に。

### 領収書入れ
ネットで購入した宅配の荷物は、玄関で荷ほどきし、同梱の領収書は扉裏のここへ。クリアファイルを両面テープで貼っているだけ。

## 各人別収納がうまくいく

働きながらの家事と子育てでは私ひとりが家にあるすべてのモノを管理する余裕はなく、夫はもちろん、子どもたちにも自分のモノは自分で出し入れし、管理できるようになってほしいと考えています。

そのためには、最小限の手間で必要なモノが見つかる収納システムが大切です。あの扉、こっちの扉と開閉しながら靴を探すのは大変。扉をひとつ開ければ、その人の持つすべての靴が見渡せるのが理想なので、人別収納にし、一カ所にすべての靴を集めています。

玄関の収納は大きく3つに分かれているので、夫は右の扉、私は左の扉を使用。子どもたちのモノは、中央の扉。子どもでもちゃんと手が届く場所なので、自分たちで出し入れできるようになりました。

## 玄関にあると便利なモノは、何？

玄関に収納すべきモノとして、一般的なのは靴や傘。でも玄関にあると便利なモノは、もっとあるはずです。例えば、わが家ではティッシュ、ヘアゴム、はさみ、印鑑、ビニール袋などを置いています。双子たちがようやく靴を履き、私も準備完了。「さあ、出かけよう」と思ったところで、「鼻水出た〜」「やっぱり髪結んで〜」と言われて、家の中に取りに戻るということがたびたびあり、玄関にこれらを置くようになりました。印鑑は荷物の受け取り時に、はさみは荷物開梱時に便利で、ビニール袋は長靴を持って出かけるときなどに使います。

暮らしによって、置くべきモノは違うかもしれませんが、玄関に何を収納すると便利だろうという視点を持って収納を考えると、小さなストレスから解放されるかもしれません。

## 玄関に大きな鏡で気分シャキッと！

玄関から入ってすぐの位置に全身がしっかり映る大きな鏡を置いています。クローゼット内に置けなかったからという理由でここを選んだのですが、大きなメリットがありました。玄関、寝室、トイレに行くときなど、一日に何度もこの前を通ることになるので、そのたびにいやでも自分の全身の様子が目に入ります。服装や顔色を客観的にチェックでき、ハッとさせられることも。頻繁に通るところに大きな鏡を置く。家に長くいる人にこそ、おすすめです。

**大きな鏡**
木製のフレームが○。emo.Mirror EMM-2181BR ¥19,800／販売サイト「koti」（市場）

**スツール**
腰をかけたり、ちょっと荷物を置いたりするのに便利。家具のアウトレット店で購入。

## 玄関はモノをせき止める関所

玄関より中に不要なモノを入れないと決めているので、靴箱の中にゴミ箱を置いています。郵便物はすべてここで開封して、必要なモノだけを取り出し、外封筒など不要なモノはこの場でゴミ箱へ。これを帰宅時の習慣にすれば、ダイニングテーブルの上にとりあえず置いた郵便物やDMがたい積する、なんてことになりません。宅配の荷物も同じで、受け取ってすぐに開梱。不要なモノは捨て、段ボールはたたんで鏡の後ろに。一連の動作として玄関ですべて行ってしまえば、リビングに段ボールが置きっぱなしという事態も防げるのです。

また、子どものポケットなども玄関でチェック。鼻をかんだティッシュ、靴に入っていた砂、これらも玄関で処分しています。さっとゴミ箱に捨て、リビングには持ち込みません。

# リビングに不要なモノを侵入させない玄関システム

## [ 郵便物が届いたとき ]

郵便物がたい積してしまうという問題を防ぐには玄関システムの見直しが一番です。

### 3 不要なモノはゴミ箱に
ポスト投函されているチラシはもちろん、開封して不要になった外封筒、同梱されていたDMなども、玄関に置いているゴミ箱へ即捨て。

### 1 郵便物が届く
マンションポストから郵便物を持って帰宅。取り出しながら要不要を分けてしまうことも。帰宅直後がさらにラク。

### 4 必要なモノだけ部屋へ
本当に必要なモノはごくわずか。それだけを持って部屋に入り、情報ステーションの定位置にしまうか、ブラックボードに貼ります。

### 2 その場で仕分け
玄関に入ってから完全に不要なモノを仕分け。封筒に入った郵便物もここで開封し、請求書に同封されているDMなども取り出します。

玄関は不要なモノをせき止める関所的存在。ここでモノをシャットアウトすることでリビングが散らからず、すっきりを保てるようになります。"リビングには必要なモノだけ持ち込む！"という意志が大切。

---

**ポケット内のゴミも！**　**靴の中の砂**

### こんなモノもゴミ箱へ
靴の中に入り込んでいる砂や、子どものポケット内に入っていたゴミも玄関のゴミ箱へ。玄関にゴミ箱があると何かと便利です。

## [ 宅配物が届いたとき ]

宅配の荷物が増える傾向にある昨今。玄関ですべて完結するルールにしておけば、不要なモノがリビングに持ち込まれません。

**4 領収書をファイルにIN**
箱に同梱されている領収書はとっておくべきモノなので、扉の裏に貼ってあるＡ４のクリアファイルへIN。まとまってから処理します。

**1 荷物が届く、捺印**
玄関に印鑑を置いておけば、荷物が届いたときの捺印もスムーズ。玄関の低い棚の上に置いた、かごの中が印鑑の定位置です。

▼

**5 段ボールは鏡の後ろに**
かさばる段ボールもこの流れでたたみ、玄関脇にある大きな鏡の裏に。ここに入らなくなったら、まとめて北側ベランダへ移動。

**2 その場ですぐ開梱**
リビングへ荷物を持ち込まず、玄関での開梱をルールにしています。そのために必要なはさみやカッターは、印鑑と同じかごの中に。

▼

**6 商品の中身だけ部屋の中へ**
商品だけをすぐ定位置に収納。届いたときの流れで一気にやってしまえば、梱包材、荷物があちこちになんてことになりません。

**3 不要なモノはゴミ箱へ**
商品の箱、くるまれていた梱包材、詰め込まれている緩衝材。かなりの量になるので、これもここでゴミ箱へ。商品だけを取り出します。

手抜きを恥ずかしがらずに。
# ラク家事アイデア、一挙公開！

家事をするのは日々を快適に過ごすため。完璧な家事を目指してストレスを抱えるより、手抜きも取り入れたラク家事を推進中。

## 買い物の前に冷蔵庫を撮影

忙しい中、冷蔵庫の在庫まで覚えておくなんて、なかなかできることではありません。メモを取るのも大変なので、私は買い物に出る前に冷蔵庫の中をスマホでパシャリ！　これでだぶり買いや、買い忘れが防げます。

## 五徳もたまに食洗機で洗う

汚れがこびりついてしまったガスレンジの五徳の掃除は本当に大変。私は先手をうって、こびりつく状態をつくらないよう、食洗機で五徳を洗っています。7～10日間に1回洗っておけば、いつもキレイ。

## タオルは縦にたたむ

タオルはバーに縦にかけるので、収納するときも縦にたたんでから、4つ折りします（P37参照）。使うときにラクになるよう考えるのが私のラク家事。

## 冷蔵庫の上にラップを貼っておく

冷蔵庫の上の汚れに愕然としたことはありませんか？　ここの掃除は案外大変なので、私は全面にラップを貼って防御。年1回の貼り替えでキレイをキープ。

## お風呂掃除は入浴中に

掃除のための時間をわざわざ捻出するより、自分がお風呂に入ったついでにしてしまう方が断然ラク。週末は夫が子どもたちをお風呂に入れてくれるので、ひとりのときに重点的に掃除をします。

## 替えのシーツは持たない

シーツ類の替えは、収納庫の中でかなり場所ふさぎです。夏と冬、各1セットだけにし、替えは持たないと決めました。乾燥機もあるので困りません。

82

## スクイージーで鏡＆窓掃除

窓や鏡の掃除がうまくできないと悩んでいたのですが、業務用のスクイージーで解決。水を霧吹きし、さっと表面をぬぐうだけ。洗剤も雑巾も新聞紙も要りません。驚くほどキレイになるので、ストレスがなくなりました。

## バスタオルは持たない

かさばるうえ、乾きにくいバスタオルは使わず、いわゆるフェイスタオルサイズのもので代用。子どもにはぴったりサイズで、私も2枚使えばOK。ひとつのサイズに集約すれば、取り扱いがラクです。

## 洗濯物は立ってたたむ

ベランダから取り入れた洗濯物は一度リビングに持って入ると、ソファの上などに置きっぱなしにしがち。私は、ベランダで立ったままたたむのを習慣に。

## お風呂場に椅子は置かない

子どもふたりと入ることが多いわが家では洗い場を広く使いたいからと、風呂椅子を撤去。不便はないうえ、椅子を洗う手間がはぶけるので、今後も必要なし。

## 排水溝のふたははずしておく

キッチンとお風呂の排水溝のふたははずしています。見えていれば、まめに掃除をするので、ぬるぬるした汚れがたまりません。ふたも洗わずにすみ一石二鳥。

## 手ぶらで家を歩かない

家の中を移動するときは、必ず移動先の部屋に持って行くモノがないか周囲を見渡します。こうやってちょこちょこ片付けていれば、部屋が散らかりにくく。

## バスケットを活用する

スーパーにはマイバスケットを持参し、レジのときにここに商品を詰めてもらっています（精算済みの紙帯を貼ってくれます）。袋に移し替える手間がなくなるので、本当にラク。レジ後のあたふたから解放されました！

COLUMN
2

## モノ選びの軸をつくるノート

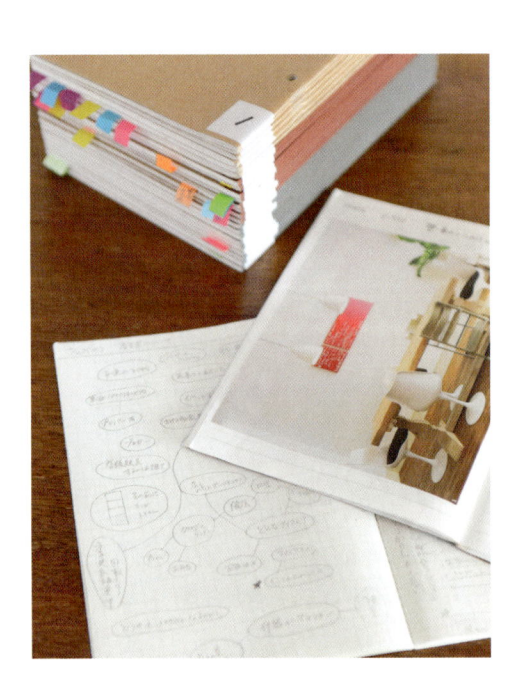

2004年に就職して以来、ずっと続けているのが、アイデア帖的なノートです。2013年10月の時点ですでに43冊目！　関心を持ったことを書き留めたり、欲しいと思ったモノや好きな雰囲気のインテリア写真の切り抜きを貼ったり。あわせて、それに対しての感想や惹かれた理由、どう暮らしに役立てたいのかなども書き添えます。

ポイントはジャンルごとに分けず、とにかく時系列にすること。1冊の方が続けやすく、見返しやすいからです。雑誌でも読むような気持ちで、折にふれて見返すことで、客観的に自分を見られるようになり、"自分の軸"の発見に役立ちます。モノ選びはもちろん、暮らし方、子育てや仕事の方向性など、さまざまなことの選択に迷いやブレがなくなっていくのを感じます。

chapter

**3**

子育て

## "おかたづけ育"、はじめました

子どもたちが3歳になるまでは、母である私がラクできるシステムや収納を考えてきました。3歳になってからは、子どもたち自身で身じたくができることを優先し、子ども目線のシステムに切り替えることにしました。語学や数字のお勉強より先に、まず自分の身の回りのしたくができるようになることが人生において大切だと思ったからです。"食育"という言葉があり、小さい頃から食に関する豊かな経験をさせようという動きがあるのと同じで、子どものうちから片付けを意識させる"おかたづけ育"を始めました。

最初は保育所の洗濯物をリュックから出すという簡単なところから。少しずつできることを増やし、今では明日の用意に加え、自分の洗濯物をたたむことができるようになりました。その成長を見るにつけ、「小さいから無理」、「私がした方がラク」と思わず、一度やらせてみることの意義を感じています。

わが家では、モノが増えておもちゃを収納する箱がいっぱいになってきたら、子どもと一緒に整理を開始します。箱を一度ひっくり返して全部中身を出し、これからも使いたいモノだけを、おもちゃの箱に戻します。これも3歳になってから、始めたこと。「まだ早いかな?」と思いつつのスタートでしたが、これから使いたいモノと、処分するモノを子どもたち自身でしっかり分けることができています。処分するモノにはきちんと理由があり、壊れたから、同じモノを持っているからなどと、自分たちなりにルールをつくっているようです。

　人は、人生に悩んだとき、自分の気持ちをいったんすべて出し、何が大切かを考えて要・不要を選び、優先順位をつけていく必要に迫られます。この作業は整理収納の一連の流れとまったく同じだと私は考えています。まだまだ双子の子育ては始まったばかりですが、この〝おかたづけ育〟を通して子どもたちにそんな力がつくといいな、と思っています。

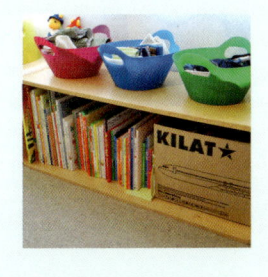

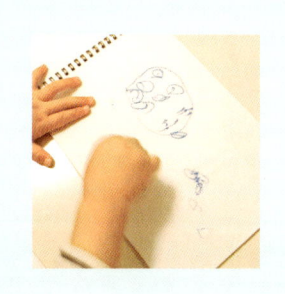

## "余白"のある子育てを意識しています

私のような整理収納大好きママが陥りがちなのが、なんでも子どもの先回りをしてやってしまうこと。子どもたちが困りそうなことを予測して、収納システムを考えたり、用意までしてしまったり。

でも子どもたちが3歳を過ぎた頃から、あまり私がやり過ぎず、ときには少し困らせるくらいでちょうどいいのでは？と感じるようになりました。例えば、毎日自分たちでさせている保育所の準備。タオルを入れ忘れていると気がついても、あえて言わないようにしています。子どもたち自身で気がつくまで待つのです。忘れたまま行かせるときもあります。そういう経験をし、「今度から忘れないようにしよう！」と子ども自身が意識するようになった気がします。

自分の意思で「こうしよう！」、「こんな工夫をしてみよう！」と考えて行動に移せる人になってほしいので、工夫できる余地＝"余白"を大切と考えて、あえてつくるように意識しています。

## 親が好きなことをする背中をみせる

子どもが生まれて自分の趣味の時間が取れなくなったという話をたまに耳にします。夫と私は、週末に友達とワイワイごはんを食べるのが大好き！ 子どもが生まれてからは時間を夜から昼に変え、わが家のリビングや野外ごはんで、以前と変わらず集まっています。聞きたい音楽も、子どもが起きているときに一緒に読み、一緒に聞いています。もちろん子どもと一緒に思い切り遊ぶ時間も大切にして。自分の子ども時代をふり返っても、好きな釣りをしている父はかっこよかったですし、ミシンが上手な母は自慢でした。好きなことに没頭する大人はかっこいいと思っているので、私たちも我慢せず、子どもと一緒に趣味を楽しむ暮らしをしています。いつからか、子どもたちは週末になると「今日は誰とごはん食べるの？」と聞くように。誰かと一緒にごはんを食べる楽しみが伝わっているようで、とても嬉しい気持ちになりました。

Kids' space

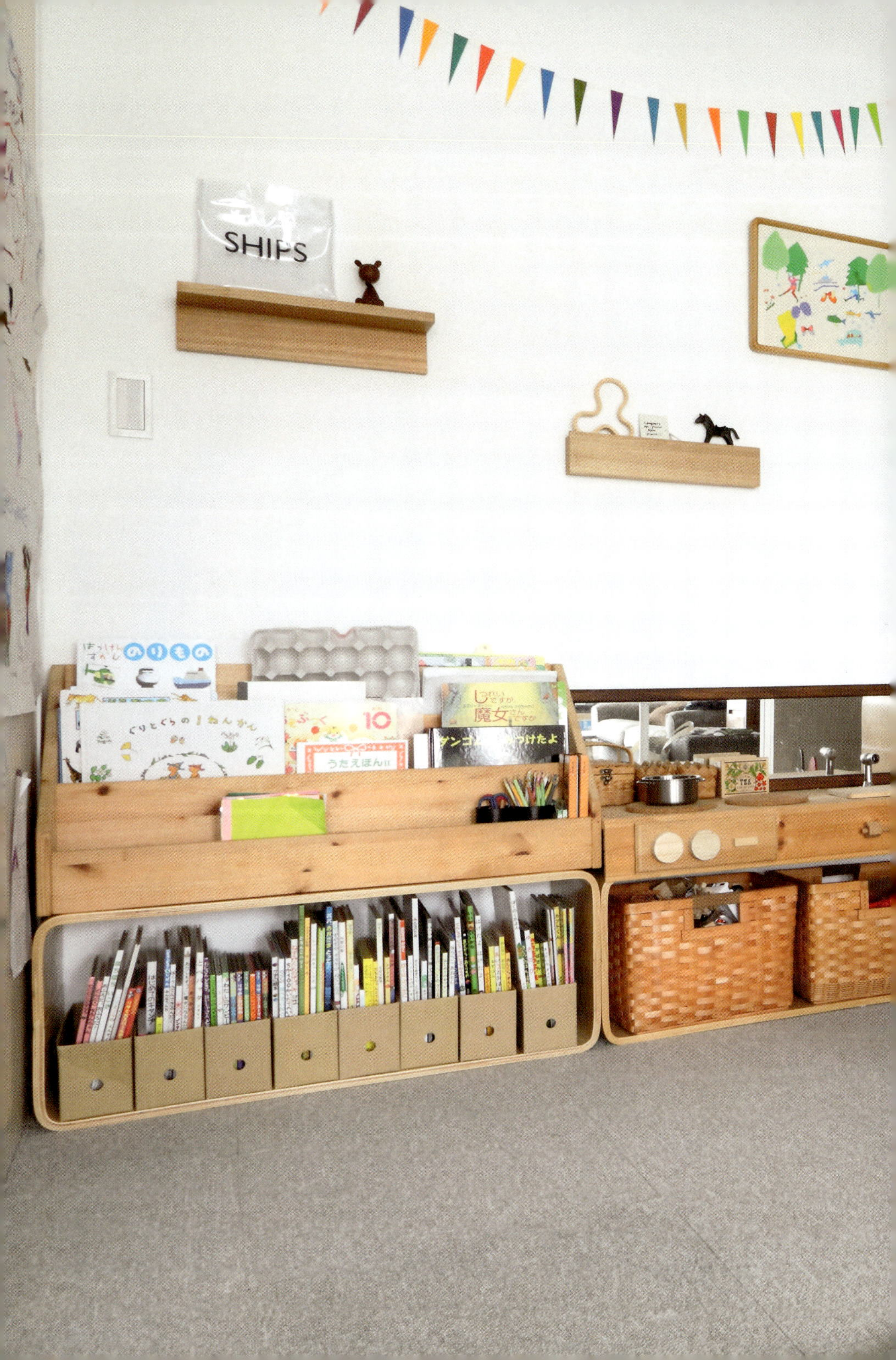
SHIPS
のりもの
ぐりとぐらの1ねんかん
10
うたえほん
魔女

### 数字が見やすい時計
子どもにも見やすく、やさしい雰囲気のデザインが決め手。Campagne ナチュラル ¥10,500／レムノス

## 子どもスペースを分解！

## 遊びやすく、しまいやすいスペースに

リビングの一角を子ども専用のスペースに。おもちゃがパッと見つけられ、子どもたち自身が工夫しながら遊べ、片付けもしやすい。そんな子どもスペースが理想です。同時に私も長くいる場所だから、大人もワクワクできる空間になるように、心がけています。

### 折り畳める机と椅子
10年ほど前に購入した「無印良品」〝パイン材ローテーブル〟と、「KATOJI」〝ミニチェア〟を組み合わせて。

### 子ども部屋の照明
色がはっきりわかるよう、ここは蛍光灯に。アクリル蛍光灯シーリングライト・リモコン付 ¥8,900／無印良品
※わが家で使用しているのは廃番で、こちらが現行商品。

## 飾り棚

子どもの家具は低めなので、壁にアクセントを。「無印良品」〝壁に付けられる家具〟シリーズを使っています。

## 手づくりのガーランド

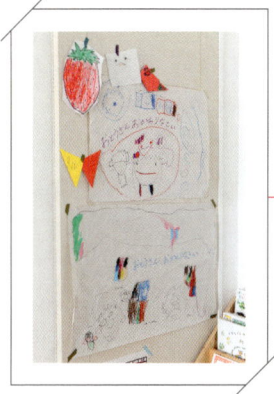

## よく描けた絵を壁に飾る

子どもの絵はリビングには貼らず、このコーナーだけに。お気に入りのモノだけですが、貼ると子どもも満足げ。

## 〝がんばったね表〟

詳細は→P101

## 絵本棚

下の棚とぴったりサイズにオーダー。リビングのデスク幅とも同じなので、成長後はそちらで使用する予定。

## 万能ボックス家具

ふたつ重ねて棚にしたり、ローテーブルにしたりと大活躍のボックス家具。今は絵本＆おもちゃ棚として活用中。

## 手づくりのままごとキッチン

夫婦でアイデアを出し、夫がDIY。夫が中学時代から使っている鏡や冷蔵庫のトレイなど、持っているモノを活用。

## 成長に合わせて使い回せる家具を選ぶ

手づくりのままごとキッチンの土台になっているのは、ふたり暮らしの頃から愛用しているボックス家具。重ねて棚にしたり、ローテーブル代わりに使ったり。今はままごとキッチン、絵本棚を置いてふたつ使用し、残りのふたつは樹脂ケースと合わせておもちゃ棚に。家族の成長に合わせてさまざまな使い方ができるので、私のモノ選びの視点にしっくり合う家具です。この商品は残念ながら廃番なのですが、家具を選ぶときの考え方の参考になれば嬉しいです。

**0歳の頃**

2段重ねで2個並べ、子どもグッズやベビー服を収納。

▼

**1～2歳の頃**

絵本棚用に1個使い、残りは3段重ねにして収納力アップ。

使用中のボックス家具のサイズ：幅90cm、奥行き35cm、高さ35cm

## 遊びやすい＆片付けやすいしかけを

おもちゃは遊びやすく、片付けやすい、その両立ができる収納が大切です。そこで、おもちゃはすべて元の箱から取り出し、それぞれを「セリア」で購入した105円のお揃いのボックスに収納しました。カードケースを貼った前面に写真を入れ、何がどこにあるかパッと見てわかるようにしてあります。ボックスごと持ち出せるうえ、違うタイプのおもちゃを組み合わせて遊べるので、遊び方が広がるのも魅力です。もちろん片付けもラク！放り込むだけなので、もちろん片付けもラク！

元の箱の状態。箱の形や色がバラバラだと収納が難しい。

▼

同じボックスに入れたら、見た目もかなりすっきりです。

## 長く使える絵本棚

子どもたちが1歳になるときに、バースデープレゼントとして選んだ絵本棚。背表紙が並んだ状態だと子どもたち自身で絵本を選ぶことができず、元に戻すのも簡単ではありません。表紙を見せながら収納ができ、戻すのもラクという棚を探したところ、自分が求めるサイズのモノに出会えませんでした。そこで規格品として販売されている棚の形を一部変更してもらう、セミオーダーをすることにしました。

子どものうちは絵本＋お絵描きアイテム収納用。大きくなってきたらふたり共通の学習用品を収納し、子どもが巣立ったら雑誌ラックとして使うことを想定し、持っているボックス家具と机を基にサイズを決めました。先々まで長く使え、1歳の記念として、大満足のお買い物になりました。

セミオーダー依頼先：木のぬくもり館　http://www.kinonukumorikan.com/

## 誕生日プレゼントは一生使えるモノ

子どもたちの誕生日プレゼントは、そのとき一瞬しか使わないおもちゃではなく、ずっと使い続けられるモノを贈ろうと、夫と話し合って決めました。それを見るたびに、「これは何歳のとき」などと家族で話せるような、記念のモノがいいなと思っています。

一歳の誕生日には右ページの絵本ラック。二歳の誕生日には時計とイラストフレームを贈りました。時計は子どもが数字に興味を持ち始めるタイミングだったので、数字が見やすく、子ども部屋にふさわしいやさしい雰囲気のデザインだったのが決め手。イラストは、元々は夫の友人で、今は私も親しくしているイラストレーターのノダマキコさんに描いてもらいました。これを見ながら、「2歳の頃は、こうだったよ」なんて話をするのを今から楽しみにしています。

## 息子、娘、それぞれに色を決める

おもちゃはふたりでひとつと決め、共有してきた娘と息子。とはいえ、大きくなるに従って、はさみやクレヨンなど、それぞれのモノを持つ必要性も出てきました。そこで、ふたつ必要なモノはそれぞれの色を決め、購入することに。

息子がブルー系、娘がピンク系です。色分けできないクレヨンのようなモノには、シールやマスキングテープを貼って区別しています。元々は同じボトルの薬を私が間違えないようにするための工夫でしたが、色なら子どもたちにも見てわかるので、そのまま応用しました。

ふたりのものが混在することでけんかになるのを防ぐだけでなく、自分のモノは自分で管理し、大切にできる子に育ってほしいから、その第一歩につながることを願って。双子でなくても、兄弟間にも使えるアイデアだと思います。

## お絵描きポストで、子どもの作品保存

子どもの絵や作品はどんどん増えます。写真で残せばいいと思っていましたが、祖母が大切に取っておいてくれた私の子ども時代の絵が出てきたことで、考え方が一変。実物が残っている方が、その時代の空気感が伝わることを実感したのです。そこで、ふたつのお絵描きポストをつくり、それぞれの作品を保存することに。時系列になるよう、ただ上から重ねるだけなので手間もかかりません。1年ごとにA3のクリアファイルに入るだけを選び、移しています。

大きい絵もあるので、A3ファイルに保存することに。

祖母が保管してくれた私の絵。ちらしの裏を使っていて、時代の空気感も伝えてくれます。

## 片付けは毎晩寝る前に

夜の20時から30分、家事をしながらではなく、子どもと向き合って思いっきり全力で遊ぶようにしています。子どもも、私も気持ちが満足したところで片付けをスタート。あちこちに散らかったおもちゃを一緒に集めて回り、子どもスペースの定位置にすべてを戻します。

疲れて遅く帰宅する夫に気持ちよく家でくつろいでほしいから、「お父さんが帰るときには、キレイがいいよね」と声をかけつつ。子どもたちも、ちゃんと理解してくれていると感じます。

買い物時にも活用するバスケットにおもちゃを集めます。

▼

バスケットごと棚へ移動し、仕分けながら、元の場所へ。

# 子どもがごねたときが、チャンス！

子どもが片付けを「イヤ〜」とごねると、つい頭ごなしに叱ってしまったり、しつけができない自分を責めたりしがちです。そんなとき、私は「片付けのシステムの方が間違っているのでは？」と考えるようにしています。わかりにくくて片付けにくい？ 年齢に合っていない？ と見直します。つまり子どもがごねたときこそ、工夫する方法を見つけるチャンスなのです。

今は、保育園の用意が全部できたら、カレンダーにシールを貼れるというルールを採用。子どもたちにとって少し面倒なことと、シールを貼るという好きなことを組み合わせてがんばる気持ちを引き出しているのです。この"がんばったね表"は、今だけ有効。成長に合わせてシステムを変えながら、ゆくゆくは自発的にできるようになるのが目標です。

## 子どもといっしょに何でも！

子どもたちが3歳くらいまでは育児、家事、仕事に全力で突っ走ってきた気がします。家事の最優先事項は"いかにラクするか"でした。

でも子どもが3歳を迎える頃から、手を抜いていい家事と、子どもにもきちんと伝えたい家事があることに気がつきました。それからはネットスーパーに頼っていた日常の買い物に一緒に出かけたり、食洗機に頼りきりではなく、食器を一緒に手洗いしたり。遊びだけでなく、家事も"一緒に"するように。

一方、私自身の趣味も大切にしたい。それならこれも"一緒に"すればいいと気がつきました。子どもが折り紙をする横で、私は雑誌の切り抜きをしたり、ときには顔のお手入れもしたり。一緒に楽しむことに。子どもは好奇心が広がり、私もストレスフリーで、お互いに◎です。

## 育児の困りごとはあえて調べない

初めて母親になったら、誰でも子育ての困りごとがあると思います。私も最初はいろいろ調べていましたが、ネットで見つかるのはネガティブな情報が多く、ふり回されてしまうと感じました。そこで〝明確な答えのないこと〟は、あえて調べない」と決め、子育て上手な友人や先輩ママの話を聞いて、いいな！と思ったことを取り入れるように。

病気に関しては、写真が多く症例がわかりやすい辞典を持って参考にしています。また子どもが1歳までつけていた育児日記に載っているアドバイスは、自然に入ってくる情報として受け入れていました。

育児は絶対の正解がありません。子どもをしっかり観察し、最終的には情報に流されず自分の感覚を信じて判断しようと肝に銘じています。

「わたしの育児日記」（森永乳業）
http://www.morinagamilk.co.jp/customer/voice/id_01.html

# 子どもを連れて旅に出よう！

子どもたちは11カ月のときに、旅デビュー！その後も3〜4カ月に1度のペースで旅に出るようにしています。飛行機で遠出することもありますが、コテージに泊まって複数の家族でバーベキューをするのが基本。コテージキャンプは、子どもが騒いでも気がねなく、思いっきり遊べるのが魅力です。「みんなで外でごはんを食べると、楽しくておいしい」ということを知ってほしいですし、少ないモノで工夫する親の背中を見せることで、伝わることがあるかな、とも。また旅には家にあるおもちゃを持って行かないと決めていて、これも「その場にあるもので遊ぶ」ことを覚えてほしいからです。

ちなみにキャンプの道具類はすべてレンタル、食材も現地で買うことも。子連れ旅は、がんばり過ぎないのが続く秘訣です。

**パジャマは持って行かない**

小さい子どもをふたり連れていると、荷物は極力少ない方がいいと実感。パジャマは持たず、翌日着るラクな服で代用します。ちょっと横着ですが、荷物のコンパクト化を優先。

**洗濯ネットをパッキングに活用**

旅行の際、洋服や下着を持って行くのに、洗濯ネットを使っています。帰宅時は洗濯物入れにし、そのまま洗濯機へ。連泊時は洗濯機のある宿に泊まるので旅先での洗濯にも重宝。

**旅先でもバスケットを活用**

おもちゃの片付けやスーパーでの買い物に日々活用しているバスケット。汚れてもすぐ拭けるので外で荷物を運んだり、逆にしてテーブルにしたり。旅先でも大助かりな存在。

**旅先にも子ども椅子を持って行く**

子どもが小さいときは、自宅で使っていた子ども椅子を持参。親と一緒にテーブルにつけるので何かとラク。軽く、重ねられ、脚がはずれる「IKEA」の椅子が活躍しました。

バタバタの双子育児を支えてくれた

# 愛用アイテムたち

双子の育児グッズは一気にふたりぶんのお金がかかるので、できるだけ安くて質のいいものを探しています。そんな中からお気に入りをご紹介。

## [ 育児アイテム ]

### カラーバスケット
子どもが小さいうちは、あえて色を楽しみたいと思い、「セリア」で購入。小さい頃はスタイやミニタオルの収納用。

### 帽子と靴下
服はシンプルなモノにしてお金をかけず、「マリメッコ」の小物でおしゃれを。小物ならブランドでも買える価格。

### ソフトスタイ
「ベビービョルン」のスタイは柔らかい樹脂製で体に添い、こぼれた食べものをしっかりキャッチ。洗うのも簡単です。

### 手押し車
出しっぱなしでも可愛く、ゆくゆくは飾れるようなデザインが決め手となり、「BRIO」の手押し車をセレクト。

### ミニチェア
ローテーブルと合わせて使用し、ごはんを食べたり、お絵描きしたり。4歳の今も現役で愛用中。「KATOJI」の製品。

### ダイニング用の椅子
軽くて、移動させやすいので床が汚れても掃除がラク。重ねられるのも、双子一家には便利でした。「IKEA」で購入。

### ショルダーバッグ
斜めがけのショルダーバッグは両手があけられ、育児中のマストアイテム。昨秋から販売のオリジナルです。

### 小物収納バッグ
P57でも紹介した「マークスアンドウェブ」のバッグ。出産祝いでいただき、赤ちゃん用ケアグッズの収納に使用。

### マザーズバッグ
「マリメッコ」のバッグを愛用。たくさん入るうえ、たためるので仕事バッグにしまえるのがポイントでした。

[ 保育園アイテム ]

### 洗える布団
保育園に持って行く布団なので、汚れることも見越して、自宅で洗えるモノを選択しました。「HashkuDe」で購入。

### ひもつきタオル
保育園の指定でひもつきをセレクト。色＆柄のおかげで、自分のモノかどうか迷いません。「西松屋」で購入。

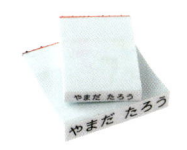

### お名前スタンプ
おむつ1日20枚など、保育園に持っていくすべてのモノに名前を書くため、「ねいみ〜♪」でスタンプを購入。

### 洗える羽毛スリーパー
冬は、ベストのように着せられる羽毛のスリーパーを愛用。風邪をひきにくくなりました。「HashkuDe」で購入。

### パジャマ
毎日持っていくパジャマは、「ベルメゾン」でできるだけオリジナリティのあるものを選びました。

### イニシャルTシャツ
保育園でパッと目立つありそうでなかったデザイン。OURHOMEオンラインショップで販売。

### H&Mの水着
双子だとつねに×2の予算が必要なので、デザイン＆値段、ともに可愛い「H&M」の水着はありがたい存在です。

### マジックテープの靴
息子は青、娘はベージュ×赤。テープが2本あると大変なので、ワンタッチで留まる「ニューバランス」の靴を選択。

### リュック
祖父母から2歳の誕生日プレゼントとしてもらった「コロンビア」のリュック。それぞれの持ち物を入れて保育園へ。

### 布団カバー
しっかりした生地で、横ファスナータイプの布団カバー。ベビー寝具専門店の「HashkuDe」で購入しました。

### 窓のある傘
ピンク系＆グリーン系で娘と息子を色分け。開いたときに、透明な窓があるので安心。「RAGMART」のもの。

### レインポンチョ
ボタンを留める必要がなく、かぶせるだけ。脱がせるときも片手でOKなので双子でもラク。「Those days」のもの。

COLUMN
3

## 子どもの〝好き〟も大事にしたい

　子どもが3歳までは、私と夫で子どものモノを全部選んできました。でも、親の好みや理屈だけで、すべてを押しつけることがないようにしたいと思っています。子どもの〝好き〟という感覚も大切に育てていきたいから。
　とはいえ、なんでもかんでも子どもの気持ちを優先して、キャラクターのモノが満載の空間やファッションでは落ち着きません。そこでわが家は下着と靴下だけはキャラクターOKのルールに。「好きなモノを選んでいいよ」と伝えたら、それぞれに大好きなキャラクターのついたモノを選んできました。この年でも、ちゃんと好きなモノがあるのってすごい！と思います。こうやって少しずつ、自分なりの〝好き〟と、自分なりの選択眼を培っていってほしい、そう願っています。

108

## chapter 4

## 子どもの写真整理

# 子どもの写真整理は、大切な育児のひとつ

2010年にブログにまとめたひとつの記事、『子どもの写真整理方法』。これに大変大きな反響がありました。フリーランスとして活動し始めた昨年からは『子ども写真整理収納術セミナー』を不定期で開催し、現在すでに26回を数えています。

家族にとって子どもの写真はとても大切です。二度と戻ってこない日々を今に伝えてくれる宝物だと私は思っています。みなさんもお子さまの成長の瞬間を一生懸命撮影して残していらっしゃることと思います。でも、ただ撮るだけ残すだけで、そのままになってはいないでしょうか？

私は、写真は〝残す〟ことが大切なのではなく、それを見ながら〝家族で語り合う〟ことが大切だと考えています。小さな頃から写真アルバムを見返しているわが家の子どもたちは、アルバムを自分たちで引っぱり出し、「みんなでバーベキューしたよね！ これは

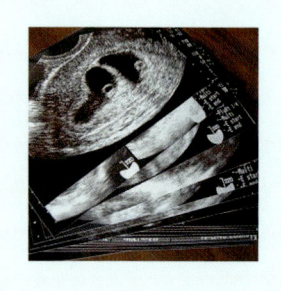

「○○くん!」と、きっと本来なら忘れているような経験をちゃんと記憶し、話をしてくれます。そんな姿を見て、写真を見返すことで記憶が積み重なっていっている、そしてコミュニケーションツールになっていることを肌で感じました。楽しい記憶の積み重ねは、子どもの成長にとってとても大事だと思います。「こんな楽しいことがあった」と思い出し、ワクワクしているふたりの笑顔を見ると、がんばってアルバムづくりを続けようとモチベーションが上がります。

「写真整理は大切な育児のひとつです」とセミナーではお伝えしています。家の片付けは誰かにお願いしてもそれなりの形が整うかもしれません。でも、子どもの写真整理だけは、ママにしかできない仕事だと思うのです。ほかの人がいくら「こっちの方が可愛いですよ」と言っても、ママにとっては、別の変な顔をしているのが3歳の頃の大事な思い出だったりすることもありますよね。その判断基準はママしか持っていないもの。「選んであげるのは私にしかできないこと!」と思うと、写真整理を始めたくなりませんか?

# わが家では、年に2冊アルバムをつくっています

「写真アルバムはどんな風につくっているの？」双子を出産する前、先輩ママに質問すると「最初の1年だけで、あとはさっぱり……」「ふたり目が生まれると手をつけられなくなった……」という話をたくさん耳にしました。私自身、ワーキングマザーとして双子を育てている中で、写真整理をする時間も、子どもと一緒にアルバムを見返す時間も、多くはとることができないだろうなと考えました。そこで、忙しい日々でもなんとか続けていける「シンプルで簡単な方法にしよう！」と、わが家では年に2冊のアルバムをつくることに。

子どもたちにひとり1冊ずつではなく、家族で2冊。選りすぐりの写真を厳選する"とっておきアルバム"と、迷った写真をすべてリング製本にする"ざっくりアルバム"です。

自信を持っておすすめできる「細く、長く、そして愛情深く」続けていけるアルバム。次ページからその詳細をご紹介いたします。

'09
BEST WISHES
FOR
A WONDERFUL
NEW YEAR

OURHOME
2009

## 厳選セレクト "とっておきアルバム"

大切なわが子のとっておきの写真は、きちんとしたサイズにプリントして残しておきたいもの。それを集めたアルバムを、私は"とっておきアルバム"と呼び、1年に1冊つくっています。コラージュをしたり、ひとつひとつの写真にコメントをつけたりするのも楽しいですが、毎年続ける自信がなく、ポケット式のアルバムにただ挿し込んでいく方法を採用しました。

まず決めたのは、月1見開きということ。その見開きに、その月のベストショットを11枚入れます。1枚ずつにコメントをつけないかわりに、その月の育児日記を書きこんだ、写真と同じサイズのカードも一緒に挿し込み、これで見開きぴったりの12枚。思い出としては満足な量で、かつ続けるのも大変になり過ぎず、私にはちょうどいいバランスです。

## [ とっておきアルバムのルール 8 ]

大切に残しておきたい、とっておきの写真。
簡単な方法ですが、＋αのコツで続けやすい工夫をしています。

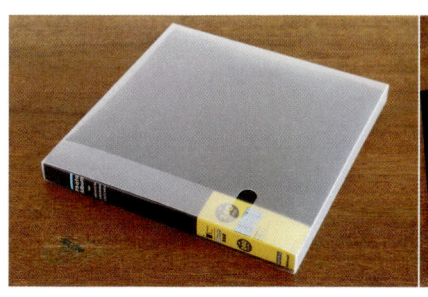

### 2 扱いやすいアルバムをセレクト

情報ステーションの棚に並べたときに、ほかのモノと大きさが揃うＡ４サイズ。子どもも一緒に見返すので扱いやすい軽さ。少々乱暴に扱っても写真が抜け落ちない。そんな視点でセレクト。20シート（19見開き）。フォトホルダー ブラック ¥1,260／ナカバヤシ

### 1 1見開きで1カ月分

見やすく、管理もラクなので、1見開きを1カ月分と決めました。ポケットが12個あるので、1カ月に11枚のベストショットを厳選。制約がある方が、あれもこれもとならず、写真も選びやすくなります。選んでいくのは悩ましくも楽しい作業です。

### 4 ママ友にもらった写真は後ろから

友達と一緒に写っている写真などをママ友からもらうこともたびたびです。そんな写真の行き場も決めました。私が選んだアルバムは1カ月1見開きで使うと、後ろが少し余る計算。いただいた順に最後のページから挿し込んでいくだけです。

### 3 イベントのときはページを増やす

旅行に出かけたり、イベントがあったりした月は、写真も多くなるので2見開き分を使うなど、ページを増やすことにしています。ルールに縛られ過ぎると、続けるのが難しくなるので、臨機応変に対応。完璧を目指し過ぎないことも大切です。

### 6 エコー写真もアルバムに入れておく

母子手帳に挟んだまま見ないのはもったいないので、エコー写真は0歳のアルバムに入れています。直接入れると劣化すると教えていただいたので、私はエコー写真をさらに撮影した写真を保存。見返しながら、この頃の私の気持ちを子どもに伝える、いいきっかけに。

### 5 大判写真とCD-Rはミニアルバムに

集合写真などの大判写真は、私の使っているアルバムには入りません。またプリントした写真のデータは焼き増しができるよう、CD-Rに残してあります。このふたつを収納できるミニアルバムを買い、巻末のポケットに。「キング」の"ピタットミニアルバム"です。

### 8 すぐ取り出せるところに収納

大切なあまり、押し入れにしまい込んでいるなんて話も聞きますが、私は家族で見返し、思い出を語り合ってこそ、アルバムに価値があると思っています。わが家のアルバムの定位置は、リビングに連なる情報ステーションの棚の中。いつでもさっと手に取れます。

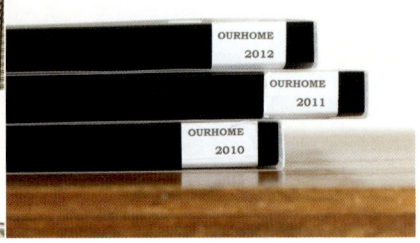

### 7 背表紙をカスタマイズする

シンプルなデザインが気に入って選んだアルバムですが、長く大切に持ち続けるモノなので、少しだけ自分仕様にカスタマイズ。背表紙のビニール部分は切り取り、"OURHOME"と年号を印字した紙を両面テープで貼りました。わかりやすいだけでなく、愛着もアップ。

[ とっておきアルバムにはさむ **育児日記のルール 4** ]

とっておきアルバムは、実は育児日記の役割も果たしてくれます。
月に１枚＆箇条書きでOKなので、続けやすいスタイルです。

**2 育児日記カードのつくり方**

カードは自分で作成。パソコンの「エクセル」ソフトで、簡単なフレームをつくり、そこに年号と月、そして年＆月齢を入れているだけ。Ｌ判写真を印刷するための紙にプリントしました。月齢も入っている方が、子どもたちの成長がわかりやすいので、おすすめです。

**1 見開きの左上に育児日記を入れる**

ポケット１個を育児日記カードを入れる場所にしています。写真ひとつひとつにコメントをつけるのは大変でも、月に１枚と思えば、続けやすいのです。アルバムと別に育児日記を書くより、この方法なら写真とともに成長の過程をふり返ることができ、一石二鳥です。

**4 日記の内容はゆるくてＯＫ**

完璧を目指し過ぎると続かなくなると思っているので、育児日記がほんの数行という月や、白紙という月があってもいいと決めました。たまってしまったモノをきちんと埋めてからと思うと先に進めなくなるので、ゆるやかなルールにしておくのが継続のコツです。

**3 育児日記カードはよく目に付く場所に**

ちょっと時間が余ったときに書き込めるよう、育児日記カードは手帳に挟んで持ち歩いています。毎日見る冷蔵庫に貼っておくのもおすすめ。そのためだけに時間をつくるのではなく、ハードルを下げることで、長く続けていける、そう思っています。

## 迷ったらとりあえず"ざっくりアルバム"

とっておきアルバムのために写真を厳選したものの、ちょっと見返したい写真はほかにもいっぱいあります。それらをデジタル保存しておくだけでは見返しにくく、もったいなく感じるので、私は"ざっくりアルバム"と呼ぶ、もうひとつのアルバムをつくることにしました。
ざっくりアルバムの写真は小さくてもいいので、A4サイズに42枚をずらっと並べて印刷。リング製本と合わせて写真店に依頼しています。たくさんの写真をいっぺんに安く印刷でき、1枚1枚アルバムに挿し込んだり、製本したりする手間がないのが魅力。大きい写真ではないので、日常のひとこまも気軽に残しておけます。
"とっておき"と"ざっくり"、この両輪があることで、シンプルで続けやすいのに、大満足のアルバムに仕上がります。

## [ ざっくりアルバムのルール **4** ]

ざっくりの名の通り、手間はあまりかけずにつくります。
でも、そのおかげで日常も含めた1年全体を見渡せる一冊に。

### **2** 表紙は毎年の年賀状に

年賀状は毎年、写真をコラージュしてつくるのが、子どもが生まれる前からの習慣です。ざっくりアルバムをつくるようになってからは、これをＡ４に拡大印刷。アルバムづくりを依頼する写真店に持ち込んで、表紙として一緒に製本してもらっています。

### **1** 年末にまとめてつくる

ざっくりアルバムは年末にまとめて作業。枚数はとくに決めず、データの中からどんどんチョイスしていきます。撮影順での印刷を依頼するだけなので編集が不要で、製作の負担もありません。わが家は年に約600枚、Ａ４シートで15枚ほどになります。

### **4** コミュニケーションツールに

大げさな感じにならないうえ、軽いので、ざっくりアルバムは持ち歩くのにぴったり。友人たちが集まるときなどに気軽に持って行き、一緒に見返すなどコミュニケーションツールにしています。友人や友人の子どもたちの写真も挿入してあるので、盛り上がります。

### **3** 家族以外の写真も入れる

ざっくりアルバムは撮影順に印刷されるので、その1年を時系列で俯瞰できるのが魅力。家族だけの写真にこだわらず、友人の写真、旅の風景、日常のひとこまなども意識的に混ぜるようにしています。子どもたちの成長とできごとがリンクされるので便利。

長く続けるためには、印刷のための面倒な手間は極力排除。　　　　　　[ **印刷あれこれ** ]
オンラインショップや便利なツールも活用しています。

### 印刷は×3枚ずつ

わが家では写真は3枚ずつ印刷し、夫の実家用、私の実家用、わが家用にしています。じつは双方の実家に同じようなアルバムを置いているので、写真を送ってあげれば同じアルバムが完成。両親も喜んでくれますし、わが家のアルバムに何かあったときにも安心です。

### L判写真の印刷は、オンラインで

とっておきアルバム用のL判写真は1年分にすると130枚以上。印刷代も決してばかになりません。そこで私が活用しているのが「楽天写真館」。単価も安く、クオリティも満足。ネット上に写真をアップロードして依頼するので、店舗に出向く必要もありません。

### データは無線でパソコンへ飛ばす

写真をパソコンに移すのが面倒だと感じていたら便利なSDカードを発見。それが「Eye-Fi SDカード」。WiFi（無線LAN）が内蔵されているので、自宅に無線環境が整ってさえいれば、ケーブルを使うことなく、写真を自動的にパソコンやスマホへ移動させられます。

### 印刷は毎月でなくていい

月に11枚と聞くと、毎月印刷するの？　と思ってしまいがちですが、そんなルールは不要です。私は写真を多く撮るイベント、例えば誕生日会やクリスマスなどの後に印刷。大体3〜4カ月ごとに印刷するペースです。これなら苦にもならず、続けていけます。

プロではないのだから、上手下手は関係ありません。
誰よりも子どもに愛情を注ぐ親だからこそ撮れる写真を目指して。

[ **撮影あれこれ** ]

### 日常を撮っておく

ポーズをつくってにっこり！写真は、もちろん可愛いですが、子どもの愛らしさはそれだけではありません。寝ている姿、ちょっとした仕草、小さな手。そういうモノも撮っておくと、二度とは戻らない日々なだけに、あとから見返したときに、キュンとします。

### 愛用カメラ

スタンダードなモノということで選んだ「ニコン」の〝D60〟。カメラには詳しくないですし、プロのような写真はなかなか撮れませんが、ぶれていても、それが親の撮る写真の味。難しくなく、扱いやすいこの一眼レフカメラは、私にとって満足の1台です。

### 泣き顔こそシャッターチャンス

子どもはいつもとびっきりの笑顔をふりまいているわけではありません。ぐずったり、思いっきり泣いたり。二度とは巡り合えないと思ったら、そんな顔も愛おしくなってきます。私はシャッターチャンスとばかりに撮影しておきました。見返したときの楽しさ倍増です。

### 人物以外の写真も撮るとバランスよし

アルバムというと、人ばかり撮ってしまいがちですが、空や落ち葉のような日常の風景や、心惹かれたモノや室内のインテリアなどもそのとき限りの思い出。だから、私は人物以外の写真を撮ることも意識。顔ばかりが並ぶよりも全体のバランスがよくなります。

長く続けるために知っておきたい
# 子どもの写真整理Q＆A

友人や写真整理セミナーに参加してくださったみなさまから、よく質問されることをまとめました。ご参考になることを願って。

### Q
### アルバムは何冊まとめて買っているの？

**A**

10冊です。子どもたちが10歳になるまではきちんと整理してあげるのが親の務めと思っています。途中で同じ商品が廃番になってしまうと揃わなくなってしまうので、使い勝手を確認してから、まとめ買いしました。10歳以降は、子ども自身にまかせるつもり。私もそれくらいから自分で写真を撮るようになっていたので。

### Q
### 子どもの写真がなかなか処分できません。どうしていますか？

**A**

私も捨てることができません！子どもの写真は目が半開きのモノであってもなかなか処分できないので、無理に捨てることはせず、データをそのままHDD（ハードディスクドライブ）に保存しています。一度印刷されたモノも当然、捨てられないので、印刷するときは残したい写真だけをきちんと厳選し、困らないようにしています。

### Q
### 友達と一緒に写っている写真はどうシェアしているの？

**A**

基本的には印刷したモノではなく、データの形でシェアしています。一番よく遊ぶ友人家族は、同じ「iPhone」ユーザーなので、『フォトストリーム』（P36参照）を使って互いの写真の共有をしています。そのほかの友人とは、写真共有サイト「30days」に写真をアップし、アクセスキーを伝えてダウンロードしてもらう形です。

### Q
### どうして子ども別にアルバムを分けてつくっていないの？

**A**

続けやすいことを優先し、〝家族で1冊〟にしました。子ども別につくって3年続いている人が周囲に少なかったのが理由です。将来的にはとっておきアルバムを、娘が持って行ってくれたらと思っています。息子は家族用のざっくりアルバムを見れば十分かな？ もし2冊必要になったら、保存データを印刷するだけなので簡単です。

**Q**
**夫婦の
昔の写真は
どうしているの？**

**A**
夫とつきあい始めてから結婚するときまでに撮っていた写真は、ずっとそのままにしてあったので、妊娠中の時間のあるときに整理をし、アルバムに収めました。結婚してからの写真は旅ごとに、ざっくりアルバムと同じ方式でリング製本しています。これはサイズが揃うので、毎年つくっているアルバムと同じ棚に収納しています。

**Q**
**写真のデータは
どうやって
保存しているの？**

**A**
とっておきアルバムの写真はCD-Rに入れ、各アルバムの巻末に保存。残った大量のデータも捨てず、HDD（ハードディスクドライブ）に保存しています。でも、大切な写真は印刷して形に残してあるので、最悪データが消えてしまっても困りません。HDDは「バッファロー」HD-PCT1TU3-WJ〝クリスタルホワイト〟を使用。

**Q**
**長年ため込んでしまい、
1年1冊が無理な場合の
おすすめ写真整理術は？**

**A**
もう一からふり返って整理する気力がないという場合は、1年に10枚だけを選び出すなど、ゆるやかな枚数制限のルールを決めて取りかかるのはいかがでしょうか？ 5年や10年で1冊でもよいと思います。もう子どもが大人なら、20年で1冊つくるのもおすすめです。成人式のときの子どもへの贈りものにもぴったり。

**Q**
**自分の昔の写真は
どうやって
収納しているの？**

**A**
学生時代、自分でコメントを書いてアルバムをつくることにはまっていたので、私自身の写真も実はたくさんあります！ その頃は収納のしやすさまでは考えていなかったので、アルバムの形がバラバラ。棚にうまく並べられないので、紙製ボックスに入れ、夫の昔の写真とともに、寝室のクローゼット（P73参照）に収納しています。

## おわりに

「本を出版しませんか？」そうお声かけいただいたのは、ブログを始めて5年、フリーランスの活動を初めて半年経ったある日のことでした。

整理収納アドバイザーとして、セミナーを開催したり、お客様の収納アドバイスにお伺いする中で、"心の整理と空間の整理がつながっている"ことを肌で感じます。考え過ぎて前に踏み出せない……という方がたくさんいらっしゃいますが、気持ちが沈んだり、心がざわついたときこそ、家族の暮らしの土台となる"家"を心地よい空間にすることから始めてみてください。頭で考え過ぎずに、手を動かすことから。完璧を目指さず、適度にゆるく、家族が心地よく過ごせる仕組みがみなさまの暮らしのお役

に立てたら幸いです。

この本の制作中、夫の海外単身赴任により、半年間親子3人の生活でした。遠くから本づくりを応援し相談にのってくれた夫、寂しい中がんばってくれた双子たち。本の発売を楽しみにしながらも、少し早く天国に旅立った祖母。そして支えてくれた家族、相談にのってくれた友人。すべてに感謝の思いでいっぱいです。

最後になりましたが、熱い思いで一緒に本づくりをしてくださったワニブックスの杉本さん、ライターの加藤さん、カメラマンの川井さん、デザイナーのknomaさんはじめ、関わってくださったすべてのみなさま。そして何よりブログ読者のみなさまがいてくださったからこそ、今の私があります。心より御礼申し上げます。感謝の気持ちを込めて。

2013年11月

emi

## *shop list*

| | |
|---|---|
| アイリスオーヤマ | 0120-211-299 |
| イケア・ジャパン | 050-5833-9000（全ストア共通） |
| 市場 | 0790-49-0034 |
| ideaco | 0120-188-511 |
| 大泉物産 | 0256-63-4551 |
| オリジン | 03-3877-2323 |
| カウネット | http://www.mykaunet.com |
| 壁紙屋本舗 | 06-4390-8858 |
| キングジム | 0120-79-8107 |
| サンゲツ | 052-564-3314 |
| ジョンソンお問合せ窓口 | 045-640-2111 |
| Seria | 0120-188-581 |
| 薗部産業 | 0465-37-5535 |
| タカタレムノス | 0766-24-5731 |
| D&DEPARTMENT | 03-5752-0120 |
| ティファールお客様相談センター | 0570-077772（ナビダイヤル） |
| 東洋佐々木ガラスお客様相談室 | 03-3663-1140 |
| ナカバヤシ | 0120-166-779 |
| ナカヤ化学産業 | 072-985-9343 |
| ニトリお客様相談室 | 0120-014-210（携帯からは0570-064-210） |
| ベルメゾン（千趣会）コールセンター | 0120-11-1000 |
| ぼん家具 | 0120-482-440（携帯からは073-482-4004） |
| マークスアンドウェブ | http://www.marksandweb.com |
| 無印良品 池袋西武 | 03-3989-1171 |
| ワールドキッチン | 050-5838-0764 |
| ワンステップ（キラット） | 0570-550860 |

## *staff*

| | |
|---|---|
| 撮影 | 川井裕一郎 |
| デザイン | knoma ＋山城絵里砂 |
| イラスト・字 | ノダマキコ |
| 編集協力 | 加藤郷子 |
| 写真提供・字（本文見出し） | Emi |
| 校正 | 玄冬書林 |
| 編集 | 杉本透子（ワニブックス） |

※本書に記載されている情報は2013年11月時点のものです。商品の価格や仕様などは変更になる場合もあります。
※価格が表記されていない著者の私物に関しては現在入手できないものもあります。
※本書に記載されている収納・家事・育児方法などを実践していただく際は、建物や商品などの構造や性質、注意事項をお確かめのうえ、自己責任のもと行ってください。

# OURHOME
子どもと一緒にすっきり暮らす

Emi 著

2013年11月30日 初版発行
2014年 2月10日 3版発行

発行者　横内正昭
編集人　青柳有紀
発行所　株式会社ワニブックス
　　　　〒150-8482　東京都渋谷区恵比寿4-4-9 えびす大黒ビル
　　　　電話　03-5449-2711（代表）　03-5449-2716（編集部）
ワニブックスＨＰ　　http://www.wani.co.jp/
美人開花シリーズＨＰ　http://www.bijin-kaika.com/

印刷所　凸版印刷株式会社
製本所　ナショナル製本

定価はカバーに表示してあります。
落丁本・乱丁本は小社管理部宛にお送りください。
送料小社負担にてお取り替えいたします。ただし、古書店等で購入
したものに関してはお取り替えできません。
本書の一部、または全部を無断で複写・複製することは法律で認め
られた範囲を除いて禁じられています。

©Emi2013　ISBN 978-4-8470-9195-7